Telepathie – Pathos - Handbuch
„Erfahrung" und „Einwirkung"

Das Wahrnehmen von Dingen, Gedanken oder Vorgängen über weite Entfernung ohne Hilfe der Sinnesorgane.

„Im Anfang war das Wort, und das Wort war bei Gott, und Gott war das Wort. Dasselbe war im Anfang bei Gott."

Heinz Duthel

Telepathie – Pathos - Handbuch
„Erfahrung" und „Einwirkung"

*Bibliografische Information der Deutschen Nationalbib-
liothek:*
*Die Deutsche Nationalbibliothek verzeichnet diese Pub-
likation in der Deutschen Nationalbibliografie; detail-
lierte bibliografische Daten sind im Internet über
http://dnb.dnb.de abrufbar.*

© 2017 Heinz Duthel

Illustration: ***Schriftsteller.club***
weitere Mitwirkende: ***Landesverlag.de***

*Herstellung und Verlag: BoD – Books on Demand,
Norderstedt*

ISBN: 9783739207377

T Telepathie - Pathos „Erfahrung", „Ein-
wirkung". Das Wahrnehmen von Dingen,
Gedanken oder Vorgängen über weite Entfernung ohne Hilfe der Sinnesorgane.

„Im Anfang war das Wort, und das Wort war
bei Gott, und Gott war das Wort. Dasselbe war im
Anfang bei Gott."

Im Anfang war das Wort, der Logos, und der
Logos war bei Gott, und von Gottes Wesen war
der Logos. Alles ist durch ihn geworden, und
ohne ihn ist auch nicht eines geworden, das geworden ist.

Heraklit, der ein halbes Jahrtausend, bevor
Jesus Christus zur Erde kam, lebte (ca. 550 bis ca.
480), und von dem der bekannte Ausspruch
stammt, dass niemand zweimal in den gleichen
Fluss steigen kann, schrieb: "Diesen Logos (Welt-
gesetz), der doch ewig ist, begreifen die Menschen nicht, weder bevor sie davon gehört noch,
sobald sie davon gehört haben. Denn obgleich alles nach diesem Logos geschieht, machen sie den
Eindruck, als ob sie nichts davon ahnten ..."

Das Lexem -Log- findet sich auch im Namen
der philosophisch-mathematischen Disziplin der
Logik, in der Endung -logie zur Bezeichnung von
Wissenschaften (z. B. „Kosmologie") und in zahl-
reichen Fremdwörtern (z. B. „Analogie")

Autoren, die telepathische Fähigkeiten trotz der fehlenden allgemein anerkannten Beweise und der Skepsis der Wissenschaftsgemeinde aufgrund ihrer eigenen Forschungen, Eindrücke und Indizienfunde für existent halten, sind zum Beispiel der Biologe Rupert Sheldrake (Morphische Felder), der Sozialpsychologe Daryl J. Bem und Charles Honorton (Ganzfeld-Versuche), der Systemtheoretiker Ervin László, der Ethnologe Adolphus Peter Elkin (hielt Telepathie aufgrund seiner Studien in Australien bei sogenannten Naturvölkern für ziemlich alltäglich) oder die Psychologin Hanna Rheinz (Traum-Suggestion im Schlaflabor am New Yorker Maimonides Medical Center; telepathische Kommunikation eineiiger Zwillinge)

Gedankenlesen bezeichnet in der Psychologie das Eruieren oder Interpretieren von Gedankengängen des Gegenübers anhand von Augenbewegungen, Gestik, Mimik, sprachlicher Ausdrucksweise oder dem Aussehen sowie mittels Fragetechnik oder Suggestionen.

Das Ziel des Gedankenlesens ist es, an eine Information zu gelangen, die vom Gegenüber gedacht, aber nicht in Worten ausgesprochen wurde.

Umgangssprachlich wird „Gedankenlesen" auch für Telepathie verwendet.

Darüber hinaus befassen sich Neurowissenschaften mit Gedankenlesen. Gehirnforscher bezeichnen damit den Versuch, in Aktivierungen des Gehirns bestimmte Muster zu erkennen, die Aufschluss über den Gedanken oder die Erfahrung einer Versuchsperson geben.

Telepathie - phänomenale Gedankenübertragung

Unter Telepathie versteht man die Vermittlung von Informationen, Ideen, Eindrücken, Gefühlen, Stimmungen und Gedanken zwischen Lebewesen, und das ohne Beteiligung bekannter Sinnesorgane. Genauer gesagt wird damit die Fähigkeit beschrieben, nicht artikulierte seelische Inhalte eines anderen gefühlsmäßig zu empfangen und dann in Worten wiederzugeben. Die Inhalte können verschlüsselt als Bilder gesendet werden. Sie sind dem Empfänger nicht zwangsläufig bewusst, lösen bei diesem jedoch eine für die Außenwelt sichtbare Reaktion aus. Dieses Phänomen wird oftmals auch als Gedankenübertragung bezeichnet. Telepathie funktioniert unabhängig von räumlicher Entfernung und kann sowohl bewusst als auch unbewusst zwischen zwei oder mehreren Menschen stattfinden. Sie ist sogar zwischen Mensch und Tier möglich, denn bewiesenermaßen verfügen auch Tiere über diese erstaunliche Fähigkeit. Inhaltlich kann sich die Gedankenübertragung auf Gegenwart, Vergangenheit oder Zukunft beziehen, da sie sich losgelöst von Zeit und Raum ereignet. Es ist sogar möglich, Gedanken von bereits verstorbenen Menschen zu empfangen, welche von diesen noch zu Lebzeiten geschickt wurden. Bis heute ist ungeklärt, welche genauen Übertragungsmechanismen der Telepathie zugrunde liegen. In der Forschung scheint man sich lediglich darüber einig zu sein, dass dieses Phänomen existiert. Wissenschaftliche Experimente gelangen oftmals zu erstaunlichen Ergebnissen und viele Forscher sind sogar überzeugt davon, dass jeder Mensch telepathische Fähigkeiten besitzt, die sich ausbauen und trainieren lassen. Durch die zunehmende äußere Reizüberflutung und unsere eigene Gedankenflut wird die leise Stimme in unserem Inneren meist übertönt. Deshalb ist es ratsam, sich für Telepathie Übungen an einen ruhigen Ort zurückzuziehen und dafür zu sorgen, dass man nicht abgelenkt wird. Außerdem sollte man seine Gedanken genau analysieren und zwischen eigenen und fremden Inhalten unterscheiden lernen. Da Telepathie Kommunikation durch Verbundenheit ist, geschieht sie oft von selbst, wenn eine starke innere Verbindung besteht. Alles in allem ist es wichtig, dass man seinen Eingebungen aus dem Unterbewusstsein mehr Beachtung schenkt.

Natürlich ist der Telepathie etwas, worüber sich die Welten streiten. Das liegt in der Natur des menschlichen Wesen im allgemeinen welcher zwar bereit ist an einen Gott oder Götter zu glauben aber nicht an eine natürliche Befähigung die wahrscheinlich jedes Lebewesen auf unserer Erde hat. Telepathie.

Selbst das Alte Testament, das Neue Testament bis zurück in die griechische Geschichte wird ja darüber gesprochen und philosophiert über den Sinn des Wortes Logos oder am Anfang war das Wort!

Ich gehe mal davon aus das von diesem Zeitpunkt an wo wir alle Lebewesen aus den Kosmos auf die Erde geblasen wurden durch das schwarze Loch, bereits ein Wort oder ein Logos dahinter war. Wenn wir zum Beispiel alles aus naturwissenschaftlicher Sicht betrachten, zum Beispiel Darwin-so passiert auf dieser Erde nichts aus Zufall. Der große Physiker und Mathematiker Jaques Monet welcher ja den Nobelpreis in Literatur erhalten hatte, stellte schon die Frage:" Zufall oder Notwendigkeit"?

Am Anfang war das Wort, also nichts außer das Wort. Es war das Wort oder Logos welches nun an alle Lebewesen auf dieser Erde vermittelt werden musste. Nun ich bin ja kein Historiker oder wissenschaftlich begabter Forscher aber ich habe sehr viel gelesen und immer wieder kam ich zu den Entschluss oder bei Schluss dass alles was auf unserer Erde lebt oder gelebt hat oder leben wird, einschließlich der Lebensbedingten Materien wie Wasser Luft Masse Energien haben vom Beginn an die gleiche Masse. Eines konnte ja nicht weniger werden oder das andere größer. Durch die Evolution und die Entwicklung unserer Erde haben sich gewisse Naturell erteile sicher verändert in einer Form die notwendig ist damit der andere Teil überleben oder sich verbessern kann aber es ist nicht verschwunden, sondern hat sich nur in eine andere Form verändert.

Nun was hat das mit Telepathie zu tun?

Ich hatte mal ein Zen Kloster besucht ein buddhistisches, in Asien da ich zu diesem Zeitpunkt tatsächlich die Absicht hatte ein buddhistischer Mönch zu werden, und das unvergessliche dass sich dort ergeben hat war das Vorstellungsgespräch oder gemeinschaftliches Gespräch mit den Mönch welcher wenn ich bleiben würde mein Lehrer würde.

Ich saß draußen vor meiner Hütte auf der Bambusbank als mein Lehrer auf mich zukommen ist, und mich nicht fragte wie denn die erste Nacht war-sondern vor mir in beide Hände schlug und mich dann fragte:" Du hast den laut des Zusammenschlages meiner Hände gehört? Jetzt überlege mal wohin dieser laut gegangen ist wo er ist und warum Du Dich an ihn erinnern kannst?"

Heute 25 Jahre später denke ich immer noch so oft daran.

Ich höre diesen laut heute noch, er ist also da ich kann ihm sogar in mein Denken zurückrufen und höre den Schlag als wenn es heute wäre oder gerade jetzt.

Hier sagen die Kritiker der Telepathie, dass dieses eben eine Erinnerung ist welche man im Gehirn oder im Körper gespeichert hat und sie deshalb widerrufen kann. Stimmt. Ich kann die zwei Hände sehen wir zusammenklatscht und der laut entspringt, ja das ist die Erinnerung. Nun aber die Frage, wohin ist dieser laut gegangen welche für ewig und immer für mich besteht hörbar und auch nachvollziehbar ist. Damit kann ich das reproduzieren und es ihnen zeigen und dieselbe Frage stellen. Damit wird der nachgestellte Knall zum ursprünglichen Knall, welche ich vom meinen Lehrer erfahren habe.

So wiederum wie ist es nun mit der Telepathie? Hier spreche ich von etwas dass ich gesehen und nachvollzogen habe.

In der Telepathie aber soll man ja Kontakte aufnehmen mit etwas dass ich noch nicht gesehen oder erlebt habe. Wie kann es sein das man diese Frage stellt ohne sich darüber bewusst zu sein das wie ich am Anfang schon geschrieben habe, wir alle durch den Ursprung aus dem schwarzen Loch mit demselben Wort (und am Anfang war das Wort und das Wort wurde zum Logo!) Entstehen oder entstanden sind?

Ich bin mir sicher dass die großen Wissenschaftler es bestätigen werden oder können dass wir alle vom Anfang an nur eines waren und sind. D.h. wir entstanden aus demselben Wort aus demselben Logo aus demselben Sinn. Und das ist heute noch so. Alles ist mit allen verbunden. Nichts kann ohne den anderen sein alleine überleben. Das aber bedeutet das wir Blut und genetisch miteinander vom Anfang an verbunden sind und das noch heute. Im Grunde ist alles was auf unserer Erde sich bewegt an Lebewesen, seien es die Menschen oder Tiere aus einen Ursprung entstanden. Logo.

Die Evolution welche wir seit Millionen von Jahren körperlich durch Erleben ist ein notwendiger Prozess um uns immer besser den sich ändernden Zuständen anzupassen. Dabei bleibt aber die geistige oder seelische oder telepathische Verbindung immer bestehen. Ich gehe mal davon aus dass das dann beim Menschen oder unter den Menschen da wir vieles gleich haben, oder unseren Haustieren die immer mit uns leben vielmehr logisch ist oder vielleicht auch notwendig.

Nur weil wir es nicht beweisen können bedeutet das auf keinen Fall dass eine Telepathie oder Gedankenübertragung nicht existiert oder nicht möglich ist. Wir können auch Gott nicht beweisen oder das Logo oder das Entstehen der Erde, oder andere unerklärbare Wunder welche wir täglich erleben aber nicht erklären können. Nehmen wir ein Beispiel: beweisen Sie mir Liebe. Es geht nicht, sondern man sieht es nur am Verhalten der beiden in sich verliebten.

Ich kann nur aus meiner eigenen Erfahrung sagen und ich habe ja nun einiges im Leben erlebt sei es als Soldat in vielen Ländern sei es als Mensch in oft unmöglichen Situation. Ich weiß das Telepathie zwischen uns Menschen möglich ist und habe es selber oft er-lebt und praktiziert. Es gab Situationen im mein Leben welche ich vielleicht nicht überlebt hätte wenn es keine Telepathie oder Gedankenübertragung geben würde.

Es ist auch vollkommen unlogisch zu sagen Telepathie oder Gedankenübertragung gibt es nicht oder geht nicht nur weil man es nicht schwarz auf weiß wissenschaftlich belegen kann. Den Kritikern der Telepathie möchte ich nur sagen dass sie sich einmal mit der Evolutionstheorie oder auch der hegelschen Philosophie beschäftigten sollten und nicht mit den Materialismus. Gerade das unbewusste die Gedankenübertragung und vielleicht auch die Telepathie nämlich der unbewusste Drang und damit die Freigabe einer Energie einer so gewaltigen Energie des Menschen hat zu einen Konkurrenzkampf in der Technologie, Raketen zum Mond, Einstein, Atome und der physischen Forschung geführt, welche ja im Geheimen getätigt wurde aber der andere oder die andere Seite jeweils so getrieben wurde dass sie fast gemeinschaftlich immer ans Ziel kam. Und sicher werden einige Kritiker wieder sagen dass dieses in der Natur des Menschen oder Lebewesen ist nämlich die Konkurrenz aber wie wäre eine Konkurrenz welches so geheim gehalten wird möglich ohne dass der andere Teil also die Konkurrenz unbewusst Gedanken Telepathie benutzt?

Zu sagen dass wir nicht mit Telepathie sogar unbewusst kommunizieren, ist meines Erachtens genauso dumm wie damals die katholische Kirche welche darauf bestand dass die Erde eine Scheibe ist und wir der Mittelpunkt.

Es ist aber gut, dass es Menschen gibt welche die Telepathie grundsätzlich verwerfen da diese nicht belegt werden kann, denn es gab ja auch nur einen Mozart oder einen Einstein, einen Hegel oder einen Karl den Großen. Das absolute verneinen der Gegner der Telepathie wird jene welche Telepathie und Gedankenübertragung betreiben nur verstärken es immer und immer wieder zu beweisen. Denn bewiesen ist es ja schon oft genug. Nur mit dieser Wissenschaft ist es eben wie mit jeder anderer, sie wird erst akzeptiert werden wenn es keine andere dafür mehr gibt.

Die ganze Konzeption von Vergangenheit Gegenwart und Zukunft d.h. der Zeit ist wegen unserer körperlichen Existenz unvermeidbar die begrenzte Lebensdauerdauer die konstanten Bedürfnisse des Körpers der versorgt werden muss die physische Welt die wir nie ihren so sein benützen müssen zu erhalten. Natürlich kann der Mensch nicht in der Ewigkeit leben da sterblich ist kann er derzeit nicht entfliehen der Rhythmus von Tag und Nacht, Schlafen und wachen vom wachsen und Alter die notwendige Wendigkeit und durch Arbeit am Leben zu erhalten und zu verteidigen alle diese Faktoren zwingen uns die Zeit zu respektieren wenn wir leben wollen und unser Körper zwingt uns leben zu wollen.

Und genau während all dieser Zeit findet ein konstanter Fluss von Telepathie und Gedankenübertragung statt. Vollkommen unter bewussten beginnen wir in jeder Sekunde Telepathie oder Gedankenübertragung indem wir an unsere Mutter an den Vater an die Arbeit an die Kinder die Schule usw. denken. Denken? Nein indem wir denken wir denken betreiben wir vollen Unterbewusstsein bereits Telepathie oder Gedankenübertragung.

Sicher ist es Ihnen auch schon passiert dass sie an die Mutter Tante oder Kinder denken und sich vornehmen denen mein nächstes Mal doch zu sagen dass sie dieses und jenes nicht vergessen dürfen. Und auf einmal klingelt das Telefon und genau jene Person an welche sie gerade gedacht haben, an welche sie gerade Gedanken übertragen haben also Telepathie machten, ja genau diese Person meldet sich nun am Telefon. Hallo heben sie ab wie geht's Dir denn und wundern sich dass dieser oder jener sich nach sechs Monaten doch wieder einmal gemeldet hat. Und sie sind sich dabei nicht bewusst, dass sie selber dieses unbewusst durch Telepathie oder Gedanken Übertragung verursacht haben. Sicher die Kritiker sagen dann wieder, Zufall! Nun ich kann er was sagen dann müsste mein ganzes Leben aus Zufall bestehen und nicht aus Notwendigkeit.

Mein erstes Erlebnis mit Telepathie oder Gedankenübertragung hatte ich im ersten Schuljahr, da war ich in ein Kinderheim untergebracht da mein Großvater Sterbens krank war und zwar gerade die 1. Stunde am Morgen in der Schule, als sich ganz im unter bewussten das weinen anfing vom Stuhl aufstand und die Lehrerin ja fast an schrie, dass ich nach Hause müsste denn mein Opa Würde sterben. Ja das muss so gegen 8:30 Uhr gewesen sein. Meine Lehrerin eine katholische Nonne schimpfte mich natürlich aus und ich musste mich wieder setzen den keiner konnte ja meinen inneren Schmerz sehen oder fühlen dass mich mein Opa nach Hause gerufen hat weil er sterben würde. Ich hörte während der ganzen Schulzeit bis 12:00 Uhr nicht auf zu weinen und konnte nichts mitmachen. Um 12:00 Uhr wurden wir zurück ins Heim gebracht und dort wartete meine Oma auf mich um mich nach Hause zu bringen, da mein Opa laut Todesurkunde welche ich heute noch immer habe um kurz nach 9:00 Uhr verstorben ist. Zufall? Telepathie oder Gedankenübertragung? Ja, mein Opa hatte mich gerufen kurz bevor gestorben ist.

Ich werde hier noch mehrere Erlebnisse beschreiben doch das gravierendste hier:

1993 wollte ich von Bangkok nach Katmandu in Nepal fliegen. Ich hatte schon mein Ticket mit der Thai Airway in der Tasche, ging noch etwas essen und am Rückweg durch die Silom Road kam ich an einen Buddha Tempel vorbei und ich ging in den Tempel. Dort im Tempel setzte ich mich auf einen der Steine und nur betrachtete die Schönheit des doch fantastisch gebauten Tempels. Irgendwann kam ein Mönch herbei und er fragte mich woher ich den komme und was ich denn so mache? Wir führten eine Kommunikation oder ein Gespräch in Englisch wie es eben üblich ist wenn man neugierig geworden ist. Nach ca. 1 Stunde zwar schon Dämmerung draußen also die Nacht kam bald kam oder rannte eine ältere Thai Frau auf mich zu und sprach auf mich ganz hektisch in Thai ein wovon ich natürlich kein Wort verstand aber mein Mensch neben mir lachte mich an und sagte mir dass diese Dame so etwas wie eine Hellseherin ist uns jeder hier kennt und sie müsste mir unbedingt was sagen denn sie hat von weiten ein riesig großes Feuer und schreien gesehen das mich umgibt. Ich dachte mir nur, näher sicher wieder jemand die sich um den Tempel herum Geld verdienen wollen und sagte eben ja denn es war ja egal und auf die paar Euro kam es nun auch nicht darauf an nach den hübschen Gespräch den Mönch. Sie setzte sich vor mir auf einen dreibeinigen Hocker nahm meine beiden Hände in ihre Hände und sprach wieder in Thai zu mir und der Münch übersetzte:" haben Sie morgen einen Flug, wollen sie wohin fliegen? Machen Sie das nicht, " stieß sie immer in Thai heraus während der Münch übersetzte. Mich haut es echt um den ich hatte eher das Ticket für meinen Flug morgen nach Nepal. Ich sagte es dem Mönch und der Mönch übersetzte wieder zu der älteren Dame. Sie schaute mich

ganz entgeistert an um mit den Händen gestiku-
lierte sie ein Flugzeug um mit der anderen Hand
den Zeigefinger gehoben mit Nein sagend. Wir
wussten alle drei nicht was er sagen soll und dann
fing die Frau an zu erzählen dass ich sie von beiden mit meinen Gedanken gerufen habe weswegen sie zu mir gekommen ist denn sonst hätte sie
mich mit den Mönchen gestört. Es hatte ich
schon ein komisches Gefühl im Magen, ich gab ihr
Geld und rannte zurück in mein Hotel. Dort rief
ich die Fluggesellschaft an und bat um Annullie-
rung meines Fluges da ich ein paar Tage später
erst fliegen würde. Man bestätigte mir meine An-
nullierung, irgendwie war ich erleichtert und ging
unten in das Café informierte meine Freunde was
mir gerade passiert ist. An diesen Abend hatten
wir noch einen sehr spaßigen und angenehmen
Abend müde gehen wir alle schlafen.

Am nächsten Tag wachte ich auf und schal-
tete den Fernseher ein. Es war so gegen 11:00 Uhr
und ich wollte an den Hotel Swimmingpool. Der
Fernseher lief mit Nachrichten auf Thai und ich
war am Überlegen was wir denn heute machen
könnten als im Fernsehen ein Flugzeug gezeigt
wurde mit der Flug Flugnummer Bangkok nach
Katmandu und so viel ich das sehen konnte ist
dieses Flugzeug in Nepal abgestürzt.

Ich wusste echt nicht was mir da gerade pas-
sierte oder wie ich mich fühlte und ich rannte nur

noch mich anzuziehen und schnell runter in die Hotel Empfangshalle wo es einen englisch sprechenden Fernseher gab, nehme an es war CNN. Ich setzte mich vor den Fernseher und dann kam das Breaking News, dass ein Flugzeug der Thai Air auf dem Weg nach Katmandu im Nepal abgestürzt ist. Alle 276 Passagiere vermisst oder tot.

Sicher wird man Ursache dieses vorsehen dieser angeblichen Suche nach einem Medium meinerseits das warum und wieso nie finden oder erklären können. Nur eins ist klar hier ist etwas passiert was man als nichts anderes als Vorsehung bezeichnen konnte. Die ältere Dame sagte ja dass ich sie bei Gedankenübertragung oder Telepathie gerufen habe um mir was zu sagen was ich mir selber nicht sagen kann also als Medium dazu mein buddhistischer Mensch welche übersetzt hat. Drei verschiedene Menschen drei verschiedene Kulturen drei grundsätzlich verschiedene Menschen hatten sich aus Zufall oder Notwendigkeit zusammengefunden und damit indirekt mein Leben gerettet denn ich werde ohne den Mönch und ohne diese Thai Dame heute nicht mehr unter Euch.

Welche Energiewellen haben da wohl zusammengearbeitet und warum? Warum ich und nicht all die an alle anderen Passagiere und Flugpersonal welche sich in diesen Unglücksflugzeugs befanden haben? Man wird wahrscheinlich dafür nie eine sachliche oder plausible Antwort finden aber der Fakt ist das durch irgendwelche Kräfte Energien welche hier zusammen gewirkt haben, mein Leben gerettet wurde.

Nunmehr gibt es noch so viele andere Beispiele welche ich in mein Leben erlebt oder gesehen habe.

Können wir Gedankenübertragung? Können wir übertragene Gedanken empfangen? Wie wirkt sich das aus, wie weiß ich das dieses empfangene nicht Gedanken meiner selbst sind Sondern Gedanken welche ich empfangen habe? Nun ich habe mein Leben festgestellt dass es Menschen gibt mit welchen ich per Telepathie oder Gedankenübertragung tatsächlich kommunizieren kann und es gibt weder andere wo es ja sagen mir fast unmöglich ist oder es mir noch nicht geglückt ist. Ich habe stundenlang ausprobiert und sehr oft mit Erfolg.

Zum Beispiel ich habe immer Angst mit meiner jüngsten Tochter. Sie war von klein auf schon immer ein richtiger Draufgänger, mehr ein Junge wie ein Mädchen. Hinfallen wehtun Aufstehen lachen oder Kopf an hauen und dabei noch lachen. Dadurch entstand für mich schon seit ihrer Geburt an so etwas wie ein Gefühl immer auf sie besonders aufzupassen.

Wir waren im Urlaub auf einem Campingplatz in den Pyrenäen in einen wunderbaren Holzchalet und die Kinder spielten den Fahrrad draußen wären wir das Mittagessen kochten. Ich höre mein Sohn und meine Tochter mit dem Fahrrad vor der Türe spielen. Der ganze Camping war irgendwie so vulkanisch so hieß auch der Camping und überall lagen diese kleinen schwarzen Vulkan Steinchen. Durch den Vulkan den natürlichen Hügeln Löcher und Felsen war diese Camping ein beliebtes Ziel für Überlebenstraining, ebenso Kurse wie man über die Höhen durch die Höhlen Berge usw. überleben kann. So 20 m hinter mein Chalet waren zwei Felsen und in der Mitte waren diese durch die Lava zerrissen wo es bis zu 50 m gerade runter abging.

Ich hörte die beiden Kinder nicht mehr mit ihren Fahrrad und schaute raus da ich wusste dass mein Sohn immer neue Ideen hatte dazu seine Schwester brauchte. Ich sah die beiden nicht und rannte Richtung der beiden Felsen wo ist die 50 m runter ging. Als ich dort ankam hätte ich mich am linken Felsen fest und schaute da mal runter was echt noch dazu durch die schwarze Lava Brand gefährlich aussah. Ich drehte mich um wollte die beiden suchen und sah wie meine Tochter mit einem immensen Tempo auf den Fahrrad auf mich zukam die Beine gespreizt und die Hände nur am Lenker, sie hätte nicht bremsen können. Ich sprang auf sie zu hielt das Fahrrad mit einer Hand fest sodass sie vom Fahrrad viel ca. 2 m vor den 50 m tiefen Loch. Ich bin mir sicher dass sie diesen Sturz mit dem Fahrrad nicht hätte überleben können. Ich schimpfte mit den beiden natürlich und mein Sohn erklärte natürlich dass das ein Wettspiel war wer am schnellsten unten ist und keiner hat er das Loch gedacht.

Nun ja was hat mich vom Ofen vom Kochtopf Weg gerufen, was hat mich zehn oder 20 Sekunden vorher genau vor das Loch gebracht damit ich meine Tochter anhalten konnte bevor sie in den Tod stürzte?

Telepathie? Gedankenübertragung?

Sicher werden auch hier die Kritiker wieder sagen dass dieses eine instinktive Handlung war. Mag sein, aber sich gerade vor das Loch stellen ohne zu wissen dass die Kinder oben mit dem Fahrrad sind und darunter kommen? Glaube ich nicht.

Ich erinnere mich sehr gut an das Jahr 1993, denn es war das Jahr als meine Oma bei mir erschien und mit mir sprach als würde sie neben mir stehen. Zu diesem Zeitpunkt war sie offiziell schon 20 Jahre verstorben.

Ich war halt beim Schlafen meine Oma stand neben mir streichelte mir über den Kopf.

Oma, Oma fragte ich sie wo kommst Du denn her, was machst Du denn hier? Fragte ich sie und sie erklärte mir dass sie überall sein kann wo immer sie will. Ja aber wir sind doch 10.000 km von Deutschland weg wie Kanzel in der neben mir stehen fragte ich sie und sie sagte mir, dass es eben wo sie ist keine Zeit gab und sie schon immer mich beobachtete was ich denn so mache wo ich bin. Ich konnte es echt nicht fassen dass meine Oma neben mir stand und sie mit mir sprach als wäre sie nie gestorben. Während ich das hier schreibe wird sie wohl hinter mir stehen und lächeln den wie sagte dann sie mich sehen aber ich sie nicht. Ich habe sie gefragt wo sie den sei und wie es da ist und sie sagte nur dass sie es nicht wüsste und auch nicht erklären kann wieso es so ist. Ich fragte sie nach meine Eltern, ob sie den weiß wo die sind und sie sagte mir dass meine Eltern nicht da sind wo sie ist sondern in einen anderen Raum den sie nicht sehen kann. Nun nach meiner eigenen persönlichen Theorie oder Philosophie scheint meine Oma einen Zustand der Ewigkeit erreicht zu haben während meine Eltern wohl alles noch mal von vorne beginnen mussten in welcher Form auch immer.

Ich hatte Angst meine Augen zu öffnen denn dann würde meine Oma Weg sein und ich fragte sie ob wir uns dennoch mal wieder sehen? Und sie sagte zu mir, dass ich keine Angst haben müsste sie würde immer in unserer Nähe sein ich bräuchte sie nur suchen oder rufen.

Ich machte meine Augen auf Lager auf den Rücken und dachte über das alles nach und im Grunde scheint dieses erlebte meine heutige Philosophie zu bestätigen. Nichts vergeht sondern verändert sich nur in eine andere Form.

Deswegen sind wir jene Wesen welche an Telepathie Gedankenübertragung glauben aus Erfahrung auch vielleicht Wesen welche bereits bewusst eine Transformation erlebt haben.

Nun muss ich wohl immer wieder Fragen warum den gerade Telepathie oder Gedankenübertragung oft so unsachlich unqualifiziert angegriffen wird obwohl gerade diese Leute sich nicht die Mühe machen mal sachlich darüber gemeinschaftlich zu sprechen? Was wäre so falsch, ein Medium als möglich anzuerkennen wenn dadurch beweisbar schon so viel Gutes passiert ist? Kein Wesen welches Telepathie oder Gedanken Übertragung betreibt hat jemals von sich aus behauptet deswegen ein Wissenschaftler zu sein oder besser oder anders als andere Wesen zu sein. Nein. Im Gegenteil, ich habe es oft erlebt, persönlich wenn Menschen mich gefragt haben, ob ich oder ob es möglich werde usw. und ich immer sagte das mal versuchen muss denn es geht eben nicht immer und nicht bei jeden dann vermittelt man nichts anders als das Prinzip Hoffnung was oft hilft.

Im Jahr 2011 rief mich eine Nachbarin welche ich immer von Gesprächen in der Bäckerei kannte zu sich und ganz verzweifelt bat sie mich um Hilfe, denn ihr Mann welcher vor ein paar Wochen verstorben ist hatte das Geld nicht auf die Bank gelegt wie sie vermutet hatte sondern musste es versteckt haben. Der Banger sagte das im Jahr 2008 der Kleinunternehmer alles Geld in bar abgehoben hat und seitdem Rechnungen nur in bar bezahlt hatte. Also die Nachbarin vermutete dass ihr Mann das Geld entweder woanders angelegt hatte, eine andere Wohnung gekauft hätte oder dass er vielleicht doch ein Verhältnis mit einem Mädchen aus der Nachbarschaft hatte. Meine Nachbarin war total verzweifelt, denn die Rechnungen waren ja offen, die Rente noch nicht bezahlt und sie wusste nicht mehr ein noch aus.

Wir gehen in die Küche zusammen wo sie immer gesessen waren ein riesiger Tisch in der Mitte mit fünf Stühlen rund um links stand der Ofen und dann die beiden großen Fenster mit der Tür in der Mitte. Es war so ein alter spanischer umgebauter Bauernhof. Ich fragte die Nachbarin ob sie denn ein Foto hätte ein neues Foto von ihrem Mann, sie stand auf und brachte mir so ein Bild welches bei der letzten Fiesta aufgenommen worden ist.

Sie brachte mir noch seine Mütze hier immer auf den Kopf heute und legt sie vor mich auf den Tisch hin bitte sprich mit Jose spreche mit ihm frage ihm sag sage ihm das ich im sehr vermisste. Sie verließ die dunkle Küche und ich saß allein mit dem Bild und seiner Mütze am Küchentisch. Ich vertiefte mich in sein Gesicht hatte das in meinen beiden Händen und hielt es mit den Daumen fest und fragte im ob er darüber ob er mich hören könnte ob er mir Anzeichen geben könnte, ich wusste wenn er mich hören kann dann würde er mich sofort erkennen denn ich weiter einzige deutsche damit ihn immer gesprochen hat. Wir haben zusammen viel gelacht soeben das übliche der Spanier Katalane und ich deutscher und Franke. Das war immer unsere Gleichheit. Ich drückte mit den Daumen auf seinem Bild und rief ihn wieder. Irgendwie war ich mir sicher dass er mich hören konnte oder mir ein Zeichen geben würde. Ich stand vom Stuhl auf durch die halb dunkle Küche stand neben den Ofen oder Rohr über dem Fenster aus dem Haus ging. Ich rief ihm und rief im sagte Komm helfen jedoch Deine Frau braucht Hilfe. Hinter mir war die Treppe welche in den ersten Stock ging oder Schlafzimmer war. Es war alles beruhigenden Zimmer ich war alleine man konnte echt alles hören wenn sich was bewegte oder so. Ich rief ihn wieder Jose Jose komme helfe mir kommen sprich mit mir die mir Zeichen dass Du mir hilfst das Du mich hören kannst. Es blieb alles ruhig nichts bewegte sich und keiner versuchte mit mir zu sprechen. Ich wusste das er gerne am Abend draußen unter dem Baum auf so einer Bank gesessen hat seine Zigarette rauchte und sein Glas Wein dazu. Das hatte schon sein Vater gemacht. Ich ging raus erste Küche in den Garten und setzte mich auf die Bank. Hier das Bild in der Hand Hoch Richtung Baum und rief im wieder komm gib mir ein Zeichen muss wissen ob Du mich hören kannst. Irgendwie war ich mir sicher dass wenn er hier ist das er mich hören kann. Und plötzlich wie über einen alten Kurzwellenempfänger hörte ich wie einer zu mir sprach, dass in Katalanisch und die Tür in die Küche vom Garten öffnete sich alleine. Ich verstand nicht genau was mir gesagt wurde aber ich lief in die Küche zurück und da hörte ich viel klarer wie mein alter Freund auf irgendeine Art und Weise zu mir sagte:" gehe unter die Treppe, wo die Holzbretter sind und hebe sie auf"-und ich beugte mich unter die Treppe welche im ersten Stock ging sah die Holzlatten am Boden und genau in der Ecke zwei konnte man sehen dass sie des Öfteren gelöst waren. Ich hob die zwei eingebauten Holzstücke raus und da war ein Loch in den Loch war eine Metallkassette ich packte diese und trug sie zum Tisch. Ist es das Jose fragte ich ihn, bleib hier warte ich rufe Deine Frau sagte ich machte die andere Tür auf welche in den Innenraum gegen und rief seine Frau. Sie kam angerannt und ich sagte ihr sie soll sich setzen denn ihr Mann ist hier. Sie zitterte am ganzen Körper konnte man richtig spüren sah die Metallkassette auf dem Küchentisch und rief nach ihrem Mann. Ich würde es wieder rauschen und er sagte mir dass er seine Frau sehr liebte ich sag Dir das und sie lachte und weinte. Dann hörte ich wieder ein ganz lautes Rauschen und es war wie eine Rakete welche gestartet wurde Richtung Mars.

Dann war es ganz ruhig und ich fragte seine Frau ob sie einen Schlüssel für die Kassette hätte. Sie ginge in ihr Schlafzimmer im ersten Stock und kam mit einen Schlüsselbund zurück. Das war immerhin seiner Hose sagte sie mir. Ich schaute mir Schlüssel an probierte einen an der Kassette und der passte. Das Schloss öffnete sich und ich schob die Kassette der Frau hin. Dann verließ ich das Haus und ging zu mir nach Hause.

Sie hatte tatsächlich ihr Geld einige Goldmünzen und zwei Versicherungen in der Kassette gefunden. Das was sie erlebt hatte mit ihren man mir erzählte sie natürlich der Bäckerin die Bäckerin erzählt es dem Dorf. Und ich merkte wie auf einmal alle noch mehr Hallo zu mir sagten aber auch mit einer Distanz verkehrten. Aber das ist normal bei solchen Situation da ich nicht weiß warum sie nicht weiß warum und ich vor allem nicht erklären kann warum ich mit dem Bild auf die die kam mit ihren Mann einfach zu versuchen Kontakt aufzunehmen aber das wichtigste meines Erachtens war ja dass ihr Mann ihr noch was liebes über mich sagen konnte die Frau jetzt nicht ohne Geld um mit Schulden dastand.

Nun natürlich wie üblich werden jetzt wieder jene kommen die das alles bezweifeln oder sagen das wären Vorstellungen oder Einbildungen, der Fakt ist nur das selbst wenn der Mann nicht zu mir gesprochen hätte ich die Kassette mit den Geld für die Frau konnte und sie dadurch eine Sorge weniger hatte.

Nun wieder die Frage, gibt es Telepathie? Gibt es Gedankenübertragung? Ich sage ja.

Bei uns im Wohnviertel wo ich jeden kenne jeder kennt hat man mich gerufen, da vorne in ein Haus in unserer Straße nachts eine Frau gestorben ist und am selben Morgen verstarb ihr schwarzer Schäferhund also fast alles in einer Nacht. Ich ging in das Haus um mit den Kindern zu sprechen denn ich kannte die schon diese noch klein waren und versuchte ihn jetzt bei der schweren Aufgabe Beerdigung der Mutter und das wegbringen des Hundes zu helfen. Außen vor dem

Haus war ein überdachter Garten so etwas wie ein Wintergarten. Ich stand dort und schaute mir die schon vergilbten Bilder der Mutter und ihren verstorbenen Mannes an welche unter Bildern des Königs hingen. Ich nahm einen der Hocker setzte mich hin und wartete das eines von den Kindern rauskommen wird. Auf einmal wie als wenn ein Sturm ein Hurrikan aufkommen würde wurde alles dunkel der Wind zog durch die Straße und die Häuser dass man nicht schnell genug alles festhalten konnte und ich schaute vorne vom Glas Richtung meines Hauses als oben so knapp über den anderen Reihenhäusern schwarze Wolken zogen welche Eile eine Form eines Wesens hatten. Die eine beuge sah aus wie ein fetter chinesischer Buddha die andere wie ein Teufel aus den vatikanischen Geschichtsbüchern und wiederum eine andere wie ein Hund mit Hörnern. Ich war immer noch am Schauen auf diese Wolken die echt angstvoll über die Häuser hingen links von mir scheint die Sonne und rechts von mir war alles dunkel schwarz mit blitzen verhangen. Was sich anfangs für ein Naturwunder hielt nämlich dass sich vier von den Figuren Wolken auf vier Häusern hielten und dann in das Haus oder hinter dem Haus verschwanden. Das war echt wie ein Naturwunder noch nie gesehen. Da die Kinder noch im Zimmer waren bei ihrer verstorbenen Mutter ging ich raus und zurück in mein Haus und sagte meiner Lebenspartnerin das was ich gerade erlebt habe und ich das Gefühl habe das in den vier Häusern was passieren würde. Meine Lebenspartnerin sagte mir dass ich darüber mit keinen bei uns sprechen soll denn die würden alle Angst bekommen.

Die Tage vergingen, es fand die Beerdigung statt der Mutter und langsam im Dorf wieder alles den normalen zu.

Bis an einem Morgen. Meine Lebenspartnerin kam hoch in mein Zimmer weckte mich auf und sagte mir das ein paar Häuser weiter sich eine Frau die sie nicht zu kannte heute Nacht das Leben genommen hat. Ich ging runter schaute rüber auf das andere Haus wusste dass es das Haus war wohl die Wolke eingegangen ist und da war mir klar dass dieses wieder mal ein Zeichen war. Ein Zeichen das ich nicht erklären kann aber es war ebenso. Innerhalb der nächsten vier Wochen starben noch drei andere in unserem Dorf. Alle in den Häusern wo die Wolke eingezogen ist.

Nun was ist das, Telepathie Gedankenübertragung oder unbewusste Zeichen aus der Zukunft? Ich weiß es nicht ich kann es nicht erklären aber wie schon am Anfang dieses Buches sagte hatte ich viele solche Erlebnisse in mein Leben und ohne diesen Zeichen werde ich mit Sicherheit schon tot.

12. August 1971. Tschad, Afrika.

Wir waren mit dem zweiten REP (Fremdenlegion) auf einer Erkundigungsfahrt unterwegs von Fort Lamy Richtung Bel Davoud. Wir waren zu viert auf dem Jeep und fuhren voran, hinter uns noch zwei Bekleidungstransporter. Wir wollten eine vorwärts Sektion besuchen und auch Lebensmittel und Munition bringen. Nach ca. 16 km mussten wir von der Wüstenstraße abbiegen in ein Waldgebiet. Hinter und in dem Waldgebiet war unsere Vorwärtssektion untergebracht um im Notfall zu berichten oder Rückendeckung zu geben. An den Wald angekommen stiegen mein Chef Hickle und ich ab um Richtung Wald zu gehen der Jeep gab uns Rückendeckung und das Gebiet wurde abgeriegelt mit den Nachfolgekonvoi. Ich gelangte am Waldeingang an wo uns normalerweise jemand von den vorwärts Konvoi im Empfang nehmen sollte um freundliches Feuer zu vermeiden. Es war keiner da und es war eine absolute tödliche Ruhe welche meinen Chef und mich in höchste Alarmstufe setzte. Ich benachrichtigte den Jeep dass keiner da war was wir machen sollen, der Befehl hieß reingehen und aufklären. Ich ging voran und mein Chef deckte mich. Vor mir standen riesige Bäume links und rechts welches sich über die Straße beugte und jede Sicht versperrten. Ich hörte ein rascheln vom Blättern, warf mich auf dem Boden und Gewehr nach oben. Man hatte einen Legionär gefangen, ihm über die Straße mit den Armen an den Bäumen links und rechts festgehängt und ich sah dass ein Seil von seinen Füßen bis auf dem Boden schleift, dass ca. 5 m lang. Man konnte sehen dass er noch lebte aber ich konnte ihn nicht anrufen denn sonst hätte ich meinen Platz verraten noch konnte er mir was zu schreien denn er war am verbluten. Man hatte ihn wie in Afrika üblich den Penis abgeschnitten verbunden und den Teil des Penis in den Mund gesteckt. Unmöglich mir so ein Zeichen zu geben oder mir was zu sagen

dann kam es wieder wie ein Schlag. Er sagte mir mit Gedankenübertragung dass ich nicht näher kommen sollte das alle weg sollen denn unten unter seinen Füßen an den Seilen war alles vermint und links und rechts verstecken sich Scharfschützen.

Ich klettere am Boden langsam rückwärts bis ich meinen Chef erreichte und erkläre ihm die Situation. Ich sagte ihm nicht dass diese Mitteilung bei Gedankenübertragung stattgefunden hat sondern als ich das gesehen habe so glaubte ich daran so überzeugt war ich von der Gedankenübertragung dass ich es wie ein tatsächliches Gespräch bewertete.

Der Chef und ich gingen zurück zum Jeep und erklärten dort alles. O. k. alles zu machen sagte der Unteroffizier Haube zu und laden wir gehen da rein. Er sprach sich hinter den Autos ab und unser Scharfschütze leitete das Maschinengewehr dann ging es los und rein.

In kurzer Zeit waren die sechs Scharfschützen erledigt und der Legionär welcher zwischen den Bäumen hing wurde herunter geschwungen und die vier Büchsen mit Sprengstoff unter ihm wurden entschärft.

Wie wir später erfahren haben wurde die vorwärts Sektion total eliminiert und wir haben überlebt aufgrund der Gedankenübertragung welche ich empfangen habe. Keiner hatte es je erfahren und es ist das erste Mal das ich darüber spreche hier in diesem Buch.

Ja sicher werden auch hier wieder die Kritiker sagen, dass es Instinkt war.

Nein es war Gedankenübertragung und Telepathie. Ohne diese wären ich und meine Kollegen dort gewesen denn das Attentat war perfekt geplant.

Deswegen bin ich auch der Meinung dass sich Telepathie und Gedankenübertragung gerade für Extremsituationen für Ausnahmen perfekt eignet und es oft vielleicht die letzte Lösung ist. Es wird Zeit dass man Telepathie und Gedankenübertragung endlich in die Wissenschaft eingegliedert.

Gedankenübertragung nach Anleitung | Telepathie erlernen

Hinweise zur Gedankenübertragung bzw. Telepathie:

Wenn Sie genug geistige Kraft durch Stauung von Wünschen und Trieben in sich gesammelt haben, werden Sie mit der Gedankenübertragung Erfolg haben. Wenn Sie aber alle Ihre Wünsche und Triebe sofort erfüllen und befriedigen, dann werden Sie in der Anwendung der Telepathie selten Erfolg haben. Höchstens, wenn Sie besonders für Experimente in der Telepathie prädestiniert sind und eine besondere Begabung haben.

Wenn Sie Ihre Gedankenkraft kontrollieren wollen, machen Sie auf der Straße folgendes Experiment:

Einer vor Ihnen gehenden Person (Entfernung zwischen 6 m und 25 m) sehen Sie ruhig und fest auf den Nacken. Dabei stellen Sie sich in Gedanken innerlich bereits sichtbar vor, wie die betreffende Person den Kopf nach Ihnen umdreht. Je mehr und je lebhafter Sie sich dabei die Drehbewegung des Kopfes vorstellen, umso schneller werden Sie mit Ihrer Gedankenübertragung Erfolg haben. Sie dürfen aber keinerlei Geräusche von sich geben. Nicht husten oder räuspern und auch nicht mit den Füßen stärker auftreten. Die

Gedankenübertragung darf nur durch Ihre Gedanken und durch Ihre Einbildung zustande kommen.

Machen Sie dasselbe, wie oben beschrieben, im Kino oder Theater:

Sehen Sie einer mehrere Reihen vor Ihnen sitzenden Person auf den Nacken und stellen Sie sich lebhaft vor, dass diese den Kopf nach Ihnen umwendet. Der Erfolg zeigt Ihnen, wie stark Ihre Gedankenkraft ist. Bei Telepathie lernen kommt es nicht auf gedanklich gesprochene Befehle an, sondern auf die innerlich sichtbare Vorstellung, dass die betreffende Person den Kopf nach Ihnen umdreht.

Wenn Sie die Anleitung mit der Gedankenübertragung auf der Straße, im Kino oder Theater mit Erfolg gemacht haben, können Sie weitere Versuche mit Gedankenübertragung durchführen.

Sie haben sicher Freunde, die Ihnen öfters einen Besuch abstatten. Stellen Sie sich im Zimmer aufrecht hin und stellen Sie sich einbildungsmäßig einen dieser Freunde lebhaft vor. Dann stellen Sie sich weiter vor, wie er gerade an Sie denkt und wie er dann den Wunsch fasst, Sie zu besuchen. Dann können Sie sich vorstellen, dass er tatsächlich zu Ihnen kommt, wie er bei Ihnen anklopft und bei Ihnen eintritt. Das darf etwa zwei bis drei Minuten dauern, dann beschäftigen Sie Ihre Gedanken mit anderen, nebensächlichen Dingen und — wenn Ihre Gedankenkraft stark genug ist und der Besuch von Ihrem Freund realistisch möglich ist, wird er tatsächlich bei Ihnen einen Besuch machen. Das wäre ein Versuch auf dem Gebiet der Telepathie.

Was ist Gedankenübertragung? Wie funktioniert Telepathie?

Telepathie ist eine direkte Übertragung der Gedanken von einer Person (Sender oder Agenten) zu einem anderen (Empfänger oder Perzipient) ohne Verwendung der üblichen sensorischen Kanäle der Kommunikation.

Da Gedankenübertragung ohne den Einsatz von sensorischen Kanäle (bezogen auf die fünf Sinne des Menschen) wirkt, wird es auch als Extra Sensory Perzeption (ESP) bezeichnet.

Telepathie ist instinktiv. Primitive Arten verwenden die Bewusstseinsübertragung als Mechanismus des Überlebens. Gedankenübertragung ist eine Kommunikation auf geistiger Ebene jenseits des Verstandes die normal oder gewöhnlich über die Frequenzen der fünf physischen Sinne Sehen, Hören, Fühlen, Schmecken und Riechen kommunizieren.

Telepathische Fähigkeiten sind von der mentalen Frequenz abhängig. Es ist wie das Einstellen der Frequenz beim Radio, um den gewünschten Sender zu empfangen. Es gibt aber auch Menschen, die über einen ausgeprägten Energiefluss, einer guten Intuition und damit auch telepathische Fähigkeiten und geistigen Kräften verfügen. Diese Menschen gehen generell gelassener und entspannter durchs Leben.

Menschen, bei denen der Energiefluss durch Blockaden wie Hemmungen, Sorgen und Ängste beeinträchtigt wird, helfen verschiedene Meditationstechniken, den Geist zu konzentrieren, um vorhandene Blockaden und Hemmungen wieder zu lösen und den Energiefluss wieder zu vergrößern.

Wie Sie eine Person telepathisch beeinflussen

Es ist bekannt, dass sich der so genannte sechste Sinn besonders im Traum zeigt. Fälle von Wahrträumen sind sicher auch Ihnen bekannt.

Im Schlaf kann man Freunde und Bekannte Personen leicht telepathisch beeinflussen.

Wenn Sie einen Freund irgendwie durch Telepathie (Gedankenübertragung) beeinflussen wollen, brauchen Sie sich ihn nur zu einer Zeit, in der er schläft, lebhaft vorstellen. Dann können Sie ihn durch präzise und klare Gedankeninhalte oder durch gedankliche Befehlsform beeinflussen. So ein Versuch darf etwa fünf bis zehn Minuten dauern. Während dieser Zeit wiederholen Sie immer und immer wieder den betreffenden Gedankeninhalt oder Befehl.

Zur Kontrolle können Sie so einen Freund für den nächsten Tag zu Ihnen bestellen oder ihm einen Grund suggerieren, weswegen er zu Ihnen kommen soll. Auch bei dieser Telepathie kommt es auf die Stärke der Gedankeninhalte an.

Um Ihre Gedankenkraft zu kontrollieren, können Sie auf dem Gebiet der Telepathie einmal ein Experiment nach folgender Anleitung machen.

Legen Sie auf einen Tisch sechs verschiedene Karten. Zwei Asse, zwei Könige und zwei gewöhnliche Karten. Dann setzen Sie sich einem Freund gegenüber und halten beide Hände so vor Ihre Augen, dass Sie wohl die Karten sehen können, die auf dem Tisch liegen, aber Ihr Freund nicht Ihre Augen sehen kann.

Nun blicken Sie immer auf eine der Karten und stellen sich vor, dass Ihr Freund diese vom Tisch wegnehmen soll. Vorher sagen Sie Ihrem Freund, er soll ohne bestimmte Absicht stur und teilnahmslos auf die Karten sehen, ohne eine davon besonders zu beachten. Nach einiger Zeit würde er den Wunsch haben, eine der Karten wegzunehmen, und dies sei die Karte, an die Sie fest denken. Zur Kontrolle können Sie sich vorher die Karte, auf welche Sie sehen wollen, aufschreiben.

Sie werden sehen, dass bei dieser Telepathie weit mehr Treffer bei diesem Experiment sind, als es Zufall oder Wahrscheinlichkeit sein kann.

Fernbeeinflussung von Bekannten durch Telepathie

Wenn Sie auf weitere Entfernung einen Bekannten beeinflussen durch Telepathie beeinflussen wollen, ohne ihm einen Brief, ein Telegramm zukommen zu lassen oder ein Telefongespräch mit ihm zu führen, können Sie folgenden Versuch machen.

Schreiben Sie das, was Sie ihm durch Telepathie mitteilen wollen, auf ein großes Blatt Papier und stellen Sie es vor sich hin. Dann setzen Sie sich in einen Stuhl und sehen immer auf das Blatt. Dabei stellen Sie sich die betreffende Person lebhaft in Gedanken vor, und zwar mit der Absicht, dass das, was auf dem Blatt steht, auf ihn wirken möge.

Die Dauer dieser Telepathie darf etwa zehn Minuten sein, in welcher Sie immer Ihre Aufmerksamkeit der Vorstellung Ihres Bekannten widmen müssen.

Eine andere Anleitung der Fernbeeinflussung durch Telepathie.

Schreiben Sie bei diesem Versuch der Telepathie an einen Bekannten einen Brief. Darin schildern Sie in klaren Worten das, was Sie erreichen wollen. Dann schreiben Sie auch noch den Umschlag, kleben eine Marke darauf und kleben den

Umschlag zu. Darauf nehmen Sie ihn, gehen damit zum Briefkasten —- ohne ihn aber hineinzustecken. Den Brief lassen Sie am Briefkasten in einer Ihrer Taschen verschwinden und dort mehrere Tage lang unbesehen stecken.

Diese Art der Telepathie wirkt wie alle anderen derartigen Versuche am besten, wenn längere Zeit die Gedankenkraft durch Triebe gestaut wurde. Diesen geistigen Krafteffekt verwenden verschiedene Religionen bei ihren Mitgliedern durch Fastenzeiten und durch Triebstauübungen.

Worauf es bei der Gedankenübertragung ankommt:

Wie Sie ja schon wissen, haben Experimente mit Gedankenübertragung die besten Erfolge, wenn durch Wunsch- oder Triebstauung die Gedankenkraft gesteigert ist.

Sie können selber den Beweis dafür erbringen, indem Sie Experimente dann machen, wenn Sie schwach an Gedankenkraft durch Wunsch- und Triebbefriedigung sind, und auch dann, wenn Sie durch Wunsch- und Triebstauung stark sind. Das Ergebnis schreiben Sie sich immer auf und dann vergleichen Sie. Dies ist tatsächlich der beste und sicherste Beweis für die Richtigkeit der

Ansicht, dass man Gedankenkraft durch Wunsch- und Triebstauung stärken kann.

Ferner ist wichtig, dass Sie sich bei der gedanklichen Vorstellung einer Person tatsächlich auf das innere, vorstellungsmäßige „Sehen" beschränken.

Wenn Sie bloß den Namen denken würden, wären die Erfolge nicht so groß. Sie können sich mehrmals darin üben, indem Sie sich, wenn Sie in Ihrem Zimmer alleine sind, eine Person so lebhaft und so leibhaftig wie möglich vor sich stehend vorstellen. Solche Übungen vermitteln nicht nur einen gedanklichen Kontakt mit der betreffenden Person, sondern schulen auch die Einbildungskraft, die bei Experimenten mit Gedankenübertragung besonders wichtig ist.

Wenn Sie einer Person irgendeine Handlung, und wenn dies nur ein Umdrehen des Kopfes nach Ihnen ist, gedanklich suggerieren wollen, müssen Sie sich in Ihrer Einbildung diese Handlung schon vorher so lebhaft vorstellen können, als wäre sie bereits Wirklichkeit.

Oder wenn Sie wollen, dass eine Person sich auf Ihren gedanklichen Befehl hin eine Zigarette anzünden soll, dann müssen Sie den entsprechenden Vorgang innerlich sehen und miterleben. Sie können bei der Gedankenübertragung auch den Genuss vorstellungsgemäß übertragen, den eine Handlung, in diesem Falle das Rauchen einer Zigarette, mit sich bringt. Wenn Sie bei der Gedankenübertragung irgendwelche gedanklichen oder wörtlichen Befehle übertragen wollen, müssen diese immer mit entsprechenden innerlich und vorstellungsmäßig gesehenen Handlungen zugleich gewollt werden.

Telepathische Kräfte entwickeln

Telepathie ist eine der stärksten übersinnlichen Fähigkeiten. Sie ist als Kommunikation von einem Geist zum anderen bekannt, bei der Gefühle zwischen einem Sender und einem Empfänger ausgetauscht werden. Um eine Botschaft richtig zu übermitteln, musst du zunächst aus vollem Herzen daran glauben, dass es funktioniert. Nachdem du es glaubst und ein paar Minuten lang meditiert hast, wird es dann richtig einfach, eine Botschaft zu übermitteln. Auch wenn einige Leute glauben, dass dieses nur von einem Profi erreicht werden kann, kann es tatsächlich sogar von den meisten Anfängerpersönlichkeiten geschafft werden. Es sollte angemerkt werden, dass nicht jeder Erfolg damit hat, Telepathie auszuüben.

Glaube an Telepathie. Es ist sehr wichtig, dass sowohl der Sender (sendet die Botschaft), als auch der Empfänger (empfängt die mentale Botschaft) glauben, dass Telepathie möglich ist. Beide Partner sollten für diese Form der Kommunikation offen bleiben. Der Empfänger und der Sender sollten außerdem wirklich wollen, dass Telepathie funktioniert. Wenn die Partner verschlossen sind, neigen die Ergebnisse dazu, sehr mangelhaft zu sein.

Schließe deine materielle Aufnahme aus. Eine der hauptsächlichen Erforderlichkeiten der Telepathie ist, dich von deinem physischen Körper zu trennen. Das erlaubt es dir, dich auf Gedanken und die Botschaft, die du zu senden versuchst, zu konzentrieren. Einige Methoden hierzu sind Kopfhörer zu tragen und aufgezeichnetes weißes Rauschen abzuspielen oder eine weiß bemalte Brille zu tragen. [2]

Das ist besonders für den Empfänger wichtig. Falls der Empfänger in eine Unterhaltung oder einen Streit vertieft ist, ist er nicht in der Lage, die

Botschaft akkurat zu empfangen, die du übermitteln möchtest.

Beschäftige dich mit energetischer Paarung. Hierbei gibt es eine Art Bindung zwischen dem Empfänger und dem Sender. Wenn du mit jemandem (einen besten Freund) eine geistige Übereinstimmung hast, oder wenn ihr beide gemeinsame Interessen teilt, ist die energetische Paarung auf ihrem Höhepunkt. Versuche, dich auf die andere Person einzustimmen, indem du ihr Fragen stellst, wie etwa: Was ist deine Lieblingsfarbe, wo möchtest du gern hin und/oder woher kommst du?

Wenn diese anfängliche Bindung erst einmal gebildet wurde, solltest du versuchen ihre Gedanken zu lesen, bevor sie aus ihrem Mund heraus kommen. Nimm visuelle und Hinweise aus dem Zusammenhang dazu auf, wohin die Unterhaltung führt.

Diese Bindung kann auch gebildet werden, wenn du ein "Gefühl" bekommst, wenn sie redet. Das könnte Wärme sein, wenn sie über ihren Hintergrund redet, oder Kälte, wenn sie sagt, dass ihre Lieblingsfarbe Blau ist.

Wenn die Bindung gebildet wurde, kann die energetische Paarung Tage, Wochen oder sogar Monate lang halten. Sogar wenn ihr Tausende von Kilometern voneinander getrennt seid, hält die Bindung. Diese Bindung hilft dir, wenn du tatsächlich am Akt der Telepathie teilnimmst.

GEHEIMNISVOLLE KRÄFTE...

stecken in jedem Gedanken. Auch Sie haben solche Kräfte ungenutzt in sich. Ungenutzte Kräfte sind aber wertlos! Man muss sie erkennen und praktisch anwenden. Der Lehrgang zum Selbstunterricht von Raymond Hesting: "MACHT, EINFLUSS UND ERFOLG DURCH GEDANKENKRAFT!" zeigt Ihnen genau, wie Sie diese schlummernden Kräfte wecken, entwickeln und anwenden können. Sie brauchen dazu keine Vorkenntnisse und können sich das Wissen um die geheimnisvollen Gedankenkräfte bequem bei sich zu Hause aneignen. Die 7 ausführlichen Lehrbriefe zeigen Ihnen auch eine ganze Menge interessanter Experimente, die Sie selber nachmachen können. Dadurch erwerben Sie sich spielend leicht Erfahrungen.

Die Wirksamkeit der Gedankenkräfte ist heute wissenschaftlich bewiesen. Dr. Josef Banks Rhine, Professor für Psychologie an der Duke

Universität (USA) hat in jahrelangen Versuchsreihen mit seinen wissenschaftlichen Mitarbeitern den Beweis erbracht:

Die Gedankenkräfte wirken außerhalb vom Menschen.
Mit Gedankenkraft können andere Personen beeinflusst werden.
Die Gedankenkräfte haben auch Einfluss auf Pflanzen und Materie.

Die Kraft der Gedanken
DIE GRÖSSTE KRAFT DES MENSCHEN...
liegt in ihm selbst und in seinen Gedanken. Eigentlich gibt es nichts, was nicht durch Anwendung dieser Kräfte erreicht werden könnte. Diese Kräfte müssen aber zuerst einmal erkannt, geweckt und entwickelt werden.

Viele Telepathen bilden aus, wissen allerdings selber gar nicht, was sie da weiter geben.
Durch meine Versuche andern Menschen zu helfen, bin ich persönlich allerdings zu dem Schluss gekommen, dass ich nun glaube zu wissen, wie man und vor allem in welcher Reihenfolge man die Telepathie lehrt.

Haben sie etwas Geduld und lesen sie ausnahmslos alle Passagen dieser Homepage.

Selbst, wenn sie mit dem Thema vertraut sind, ist es für sie sinnvoll, da sie einiges besser verstehen werden und auch auf wichtige neue Dinge treffen werden.

Auch wenn es sehr viel Text ist... überfliegen sie diesen nicht!

Lesen sie am besten nach und nach alles und beginnen dann erst, mit der Entwicklung, oder Weiterentwicklung ihrer Fähigkeiten. Sie werden dann im Laufe der Zeit selber die Verknüpfungen finden, die sie brauchen, um alles zu erlernen.

Wenn sie sich alles durchgelesen haben, fangen sie bitte erneut am Anfang an und beginnen nun mit ihrer eigenen Ausbildung.

Telepathie lernt man nicht von heute auf morgen! Dies bedarf Jahre.

Gehen sie das Ganze auch langsam an - zum einen, um anderen nicht zu schaden... zum anderen, damit sie diese Fähigkeit auch wirklich beherrschen.

Zum Erlernen der Telepathie müssen sie sich selbst erst einmal kennen lernen.

Für die meisten sicherlich Schwachsinn, jedoch werden sie hier sehr schnell erkennen, dass sie sich fast gar nicht kennen, bzw. sich ihrer selbst gar nicht bewusst sind!

Vielmehr ist es oftmals so, dass die meisten Menschen in einem "Schwebezustand" sind. Dies heißt, dass sie gar nicht richtig mit ihrem eigenen Körper verankert sind und somit schon Telepathie einsetzen (an anderer Stelle werde ich dies genau erklären).

Dies geschieht oftmals dadurch, dass wir uns kaum um uns kümmern. Wir sehen immer nur andere Menschen und beachten uns selten selbst. Einige von ihnen werden sicherlich das Problem haben, dass sie sich ungern selber im Spiegel betrachten. Sie sehen so anders aus, als andere Menschen.

(Dies hat sehr viel damit zu tun, dass sie nicht richtig in ihrem Körper verankert sind. Je mehr sie sich selbst bewusst sind, umso mehr finden sie sich selber schön.)

Genau hier beginnt ihre Ausbildung!

Sie müssen sich selber viel mehr wahrnehmen. Betrachten sie sich im Spiegel... drehen sie sich hin und her. schauen sie sich jede einzelne Falte und jede Pore genau an.

Ja, genau das sind sie und sie müssen lernen sich selbst so zu akzeptieren, wie sie sind.

(Sie haben sicherlich schon mal den Satz gehört: "Schönheit kommt von innen". Dies ist wirklich so.

Wenn sie frei von äußeren Einflüssen sind - auch Beeinflussungen - dann werden sie mit der Zeit immer ausgeglichener. Ihr Körper erwacht von neuem und die Zellregeneration wird durch natürlichen Wege wieder angekurbelt.

Dies nur so nebenbei.)

Wodurch ist diese Trennung entstanden und warum nehmen sie sich selbst nicht mehr so wahr, werden sich hoffentlich einige Fragen.

Dies ist einfach zu erklären. Die Wissenschaft kann dies schon längst beweisen.

Zum einen liegt es daran, dass wir alle viel zu viel unter Stress stehen. Unter Stress löst sich der geistige Körper, von dem physischen Körper (Astralkörper und Seele, sowie den materiellen Körper).

Die geringe Beschäftigung mit sich selbst ist allerdings eines der größten Probleme.

Wir sind viel mit Freunden unterwegs, manche hängen auch gerne mal vor dem PC, oder viele andere Dinge. All dies lässt uns vergessen, dass wir selbst auch noch da sind... wir lösen uns von unserem eigenen Körper - wir haben somit den sogenannten "Schwebezustand".

Auch das Fernsehen lenkt uns von uns selbst ab.

(Ich will hier das Fernsehen allerdings nicht verurteilen - es kann bei der Erholung des eigenen Körpers sehr wirksam sein. Auch will ich ihnen nun nicht weiß machen, was sie sehen sollen! Ich gebe allerdings zu, dass einige Wissenssendungen durchaus wirksam sein können!)

(Personen, die sich mit dem Thema schon auskennen, sollten nun schon einiges in Erfahrung gebracht haben und einen großen Schlüssel, der ihnen gefehlt hat)

Ich habe grade den Begriff materiellen Körper und auch Astralkörper benutzt.

Der materielle Körper ist alles, was sie in diese Welt bindet. Ihre Haut, Haare, Innereien, Gliedmaßen usw.

Sie müssen diesen Körper tatsächlich schützen!

Einigen wird es sicherlich passieren, dass ihnen einiges weh tut, sobald sie damit beginnen ihren Schwebezustand zu beenden. Sie können sich auch schwach fühlen und müde. Dies ist ein eindeutiges Zeichen dafür, dass sie viel zu lange von sich selbst getrennt waren.

Wir werden dieses Problem in kürze behoben haben.

Ihr Astralkörper, ist das, was sie in der Telepathie (vor allem Empathie) sehr oft nutzen werden. Sie müssen sich dieser beiden Körper bewusst werden und dies auch klar unterscheiden! Sie werden allerdings lernen damit umzugehen und beides im Einklang zu halten.

(Viele Religionen aus dem Osten lehren uns eine Menge. Vieles davon ist auch nur lückenhaft, kann aber mit dem richtigen Verständnis genau der Schlüssel sein, den man braucht für die Telepathie. Ich persönlich habe dies erst sehr spät erkannt. Einige erkennen dies nie und unterrichten deshalb auch in einer falschen Art und Weise.

Keine Sorge… ich will aus ihnen keinen anderen Menschen machen. Das müssen sie selbst machen.

Sie werden sicherlich von selbst erkennen, dass sie einiges ändern müssen. Ich garantiere ihnen, dass es ihnen allerdings nicht schaden wird, sondern sie bereichern.

Ich möchte auch gleich dazu erwähnen, dass dies kein Fanatismus ist, sondern das, was sie als Grundlage brauchen.)

Der Astralkörper ist das, was sie selbst sind. Wie in vielen Schriften schon gesagt, wird, ist der materielle Körper nur eine Hülle. Sicherlich trifft dieses geringfügig zu, allerdings ist die Symbiose (Einklang) dieser beiden Körper der Schlüssel zum Erfolg.

Leider sind wir im Universum und auch in fast allen anderen Ebenen das schwächste, das es gibt. Unser - von Gott gegebener - freier Wille ist eine Verarsche, wie sie selber nach und nach erfahren werden.

Der Einklang beider Körper wird sie sehr stark machen, denn dafür ist der Materielle Körper auch da!

Beides lebt voneinander und schenkt sich gegenseitig Energie. Es findet ein Ausgleich statt, den beide Körper auch benötigen.

(Einige werden sich anfangs dadurch schwach fühlen... dessen können sie sich sicher sein.

Das Geheimnis hierbei ist allerdings - was die meisten auch nicht wissen -, dass die Symbiose beider Körper Energie erzeugt! Eine unglaubliche Menge sogar. Dies ist absolut nur ihre Energie und sie brauchen somit nicht die Energie von anderen zu entziehen, damit es ihnen gut geht.

Dies ist nämlich bei vielen Menschen der Fall!)

Grundlegende Praxis 1.02 - 2

Die Theorie haben sie nun zum wirklich sehr geringen Teil hinter sich gebracht. Es fehlt zwar noch eine Menge, aber dies werden wir in den vielen anderen Themen noch nachholen.

Doch selbst die Praxis ist mit weiterer Theorie durchwachsen somit werden sie nicht nur eine reine Anleitung finden, sondern auch die erneute NÖTIGE Theorie, um vieles zu verstehen. (Dies wird im Übrigen nämlich auch falsch unterrichtet.)

Wir werden nun versuchen sie selbst wieder in ihren Körper zu verankern. Dies ist ihr erster Schritt in der Telepathie. Im Nachhinein werden sie erkennen (wenn sie die weiteren Themen lesen), dass sie somit schon sehr viel mehr können, als die meisten.

Wie schon erwähnt, ist Stress ein sehr großer Punkt dafür, dass sie aus der eigenen Haut fahren. (Sie kennen dieses Sprichwort und nun wissen sie auch, was damit gemeint ist.)

Schaffen sie sich somit fürs erste einen ruhigen Ort. Schalten sie den Fernseher aus und ebenfalls die Musik. Sie sollten für sich alleine sein, da jegliche fremde Energie sie evtl. erschrecken kann und auch diesen Prozess schwerwiegend stören kann. Schließlich wollen sie ihre eigene Energie finden und nicht die Energie von anderen einbeziehen - womit sie diesen Vorgang und auch die Person evtl. sogar schaden könnten.

Berichten sie auch niemanden von ihrem Vorhaben und denken sie an keinen anderen! Dies ist sehr wichtig, da sie nun ein Tor öffnen, das ihnen bisher nur unbewusst klar wurde.

Einigen hilft es sehr, wenn sie einen leicht abgedunkelten Raum haben, andere benötigen sogar sehr viel Licht. Das kommt ganz auf sie selbst an.

Ebenso müssen sie für sich selbst wählen, wie sie sich am wohlsten fühlen. Ich meine damit, ob sie besser liegen können, oder sitzen. Liegen auf dem Bauch ist wieder etwas anderes, als liegen auf dem Rücken, ebenso, wie das sitzen ohne und mit Rückenlehne.

Probieren sie auch einige dieser Variationen aus, da eine andere Position sie vorerst auch auf weitere Bereiche aufmerksam machen.

Während sie dies entscheiden, haben sie schon einen sehr großen Schritt getan. Sie beschäftigen mit sich selbst und sollten nun merken, wie sie sich ganz anders fühlen. Meistens etwas freier. Andere spüren allerdings bloß, wie sich ihr Kopf anders anfühlt. Sie durchbrechen somit eine Barriere, die sie fast immer um sich haben.

(Diese Barriere kann durch sie selbst entstanden sein, jedoch auch durch das Einwirken von anderen.

Einige werden hierbei sogar einen Widerstand fühlen. Dies liegt daran, dass jemand anderes mit in ihrem Geist ist. Dies kann böswilliger Natur seiner, jedoch auch unbewussten Natur. [Sie werden viel später erlernen, wie sie diese Person identifizieren können.]

Auf jeden Fall, ist es für sie besonders wichtig, dass sie nun, wo sie erkannt haben, dass es noch viel mehr gibt und vor allem diesen Moment, wo ihnen nun klar geworden ist, dass sie eigentlich ganz anders sind, als sonst merken. Erinnern sie sich immer daran, wie es war, als sie sich nun die Frage der Position und des Lichtes gestellt haben. Sie haben zum ersten Mal seit sehr langer Zeit wieder ihren eigenen Kopf gebraucht... ihre eigene Aura und vieles mehr, was sie an anderer Stelle erklärt bekommen.

Für den ganz speziellen Fall eines Widerstandes in ihnen selbst, werde ich weiter unten genauer darauf eingehen!

Falls sie wirklich diesen Widerstand spüren, lesen sie erst unten weiter und überspringen sie vorerst diese Passage. es besteht nämlich die Gefahr, dass sie einen Telepathen bei sich haben, der aus ihren Lehrgang selber einiges erfahren möchte um sich selbst zu stärken!!!)

Wir beginnen nun mit der eigentlichen Praxis:

Schauen sie sich ruhig noch mal sich selbst in einem Spiegel an, bevor sie sich nun setzen, damit sie sich selbst vor Augen haben. (Denken sie jedoch nicht an dieses Bild, da sie dies sonst projizieren würden - dieses Bild somit übermitteln und damit andere Telepathen auf sich aufmerksam machen.)

Da sie nun schon einmal die Schwelle leicht übertreten haben, sollten sie diesmal beim Anblick ihres eigenen Bildes schon etwas Neues spüren… sich selbst.

Erinnern sie sich auch an diesen Moment!

Sie haben sich nun hingesetzt, oder hingelegt. Falls sie schon ihren Astralkörper gesperrt haben, versuchen sie nun diesen in sich selbst hinein zu ziehen. Falls ihnen hierbei wieder ein Widerstand begegnet, lassen sie den Teil los, der sich wehrt, und ziehen sie das in sich rein, was sich nicht wehrt.

(Hierbei besteht die Möglichkeit, dass sie das nicht selbst sind und einen anderen in sich hinein ziehen. Allerdings ist dies dann eher unwahrscheinlich und im Laufe der Zeit werden sie genauestens merken, was sie selbst sind und was nicht.)

Gehen sie somit mit größter Vorsicht an diese Sache heran, da sie auch niemanden Schaden sollen.

Erinnern sie sich ebenfalls daran, wie es sich angefühlt hat, als sie dieses etwas in sich hinein gezogen haben!

Diejenigen, die nun diese Erfahrung gemacht haben, haben schon ein großes Stück geschafft, worauf sie bauen können. Dennoch sind wir noch am Anfang und ich will den anderen und auch ihnen nun noch weiter erklären, wie sie sich selbst wahrnehmen können.

Falls sie grade nichts gespürt haben und in sich hinein gezogen haben, gehen wir das ganze nun etwas anders an:

Sie müssen sich selbst inkarnieren. (Eigentlich ist es das Wort für Wiedergeburt, es trifft hier allerdings auch zu.)

Konzentrieren sie sich auf sich selbst (stellen sie sich aber nicht selbst als Bild vor). Hierbei merken sie schon in der Regel etwas, dass sich evtl. vertraut anfühlt, oder für manche auf vollkommen neu ist, was wohl meistens bei den jüngeren und unausgeglichenen Leuten passiert.

Um sich selbst wahr zunehmen, können sie nun auch anfangen sich selbst zu berühren (dies ist nun nicht in Sexueller Praxis gemeint!). Hierbei merken sie ihren Körper und stellen den genauen Unterschied zwischen ihrem materiellen Körper und ihren astralen Körper fest. (dies trifft Inder Regel auf Personen zu, die sich im Schwebezustand befanden.) Wenn sie nun diesen Unterschied spüren, versuchen sie ebenfalls diesen nicht materiellen Körper in sich zu ziehen.

Es gibt auch Personen, bei denen das nicht zutrifft und diese müssen ihren astralen Körper noch bilden, da diese zu Weltlich waren/sind... hierzu kommen wir auch noch.

Streicheln sie sich nun weiter am ganzen Körper (es ist als ertasten gemeint... schweifen sie bitte nicht in sexuelle Erregung ab), damit sie diesen besser wahrnehmen. Da es einigen nicht gelingen wird den Astralen Körper in sich zu ziehen, lösen sie sich nun von diesem.

Nun sind sie in der Regel in der materiellen Welt verankert.

Wie schon erwähnt, wird dies für einige ein vollkommen neues Gefühl sein... einigen wird vielleicht etwas wehtun. (Sie werden hierzu noch erlernen, wie sie Schmerzen heilen).

Einige von ihnen werden jedoch keinen Unterschied zu sonst bemerken. Dies liegt daran, dass sie vorher schon verankert waren und sie werden hierbei Schwierigkeiten haben, ihren materiellen Körper zu verlassen und brauchen dafür sehr viel Übung. Sie leben bisher allerdings auf einer sicheren Seite und sollten sich genauestens überlegen, ob sie dies dennoch alles erlernen wollen!

Wir kommen nun an den Punkt, der für diejenigen wichtig ist, die nichts Besonderes gemerkt haben.

Das Loslösen und Entwickeln der Astralen Körpers.

Während sie sich selbst ertastet und er streichelt haben, haben sie genauestens ihren Körper gemerkt. Allerdings auch nur den äußeren, somit die Hülle.

Ihr Körper besteht allerdings auch aus einem inneren und dessen müssen sie sich auch bewusst werden. Dies ist bei der Reinkarnation übrigens auch sehr wichtig!

Um sich ihres inneren bewusster zu werden, achten sie auf ihre Atmung... erspüren sie, wo sich dies alles befindet. Auch ihr Herzschlag lässt sich leicht erspüren.

Ein weiterer Punkt ist, wenn sie essen. Sie können merken, wo es entlang geht und auch wohin. All das müssen sie wahrnehmen und sich an gegebener Situation dran erinnern. Dies ist besonders für Personen im Schwebezustand wichtig.

Da sie sich nun selber wahrnehmen, vergessen sie alles um sich herum. Ihre Sorgen, andere Menschen und alles weitern. Um allerdings in der Materiellen Ebene zu bleiben, machen sie sich jedoch die Möbel und alles weitere "Tote" im Raum bewusst.

Wir werden nun anfangen, einen Astralen Körper zu bilden und/oder diesen von sich zu lösen. Sie wissen ja bereits, wie sie diesen in sich herein ziehen können. (Notfalls können sie diesen auch wieder loslassen. Sie verlieren dabei zwar Energie - diese werden sie allerdings wieder neu aufbauen.)

Es kommt ebenfalls oft vor, dass der Astrale Körper von etwas anderem von ihnen weg gezogen wird. In diesem Fall können sie sich sicher sei, das sie andere Telepathen in ihrer Nähe haben! Stellen sie dann zu diesem Zeitpunkt ihre Versuche ein! Probieren sie es ein andermal erneut.

Beim Streicheln und dem Erfühlen ihrer Organe haben sie sich nun ihren Körper bewusst gemacht.

Stellen sie sich nun diesen Körper vor (nicht bildlich!) und versuchen sie diesen Körper zu bewegen. Versuchen sie z.B. ein kleines Stück über sich zu schweben, oder je nach ihrer gewählten Position diesen zu rollen, oder sich zur Seite zu lehnen. (Hierbei kann es ebenfalls möglich sein, dass sie einen Widerstand spüren.)

(Dies kann man damit vergleichen, dass fast jeder schon einmal einen Zwang hatte etwas zu machen. Hierbei hat man dann gespürt, wie man sich etwas von sich selbst löst, wenn man diesem mit Verzögerung nachgibt.

Ein Beispiel wäre, dass wenn etwas vom Tisch fällt, und man versucht dieses aufzufangen, dass man denkt das man es hätte, aber es ist einem dennoch in Stück vor der Hand weg gefallen. Tatsächlich hatten sie es in der Nicht-Materiellen-Ebene [ätherische Ebne]. Kommen sie nun bitte nicht auf die Idee sowas zu probieren und dies zu fassen... es wird ihnen nicht gelingen, da sie dafür Telekinese brauchen und sie sind grade erst am Anfang ihrer Lehre.)

Falls sie dies nicht schaffen, nehmen sie nur ihre Hülle und vergessen sie ihr inneres. Allerdings sollte in Normalfall jeder es geschafft haben, es sei denn, sie waren ihr Leben lang in der materiellen Ebene gefangen. In diesem Fall müssen sie versuchen sich etwas mehr von sich selbst zu lösen und offener zu werden. Mit einigen Versuchen sollten sie es irgendwann schaffen. Jedoch spätestens, wenn wir auf andere Dinge eingehen, da sich viele Angelegenheiten auch von selbst erschließen.

Wichtig ist, dass sie mit ihrem Astralen Körper vorerst nicht zu viel machen und auch in späterer Hinsicht sollten sie sehr verantwortungsbewusst damit umgehen!

Für diejenigen, die hierbei noch andere Energien spüren ist es wichtig, dass sie nun erst einmal aufhören, da sie schon auf etwas anderes gestoßen sind, dass sie noch nicht verstehen und auch nicht abwehren können!

1.01 Erste Einführung

Bevor sie nun anfangen irgendetwas zu lernen, sollten sie zuallererst wissen, wie sie sich von fremden Energien lösen können und ihre eigene Energie reduzieren, oder erhöhen können.

In diesem Punkt geht es vorerst allerdings ausschließlich darum, sich von der Energie

(Fremde, sowie auch eigene Energie) zu lösen. Dies ist sehr, sehr wichtig, wie sie sicherlich sehr schnell merken werden, denn es gibt viele, die versuchen sich in ihre Energie einzuschleichen, um sie somit zu manipulieren.

Folgende Techniken haben an sich gar nichts mit der Telepathie zu tun und sind grade aus diesem Grund besonders effektiv. Vielleicht wird ihnen einiges hiervon sogar bekannt vorkommen, aus irgendwelchen Yogakursen, oder Büchern, oder gar Filmen aus der östlichen Welt, wie z.B. Tibet.

Folgende Techniken können sie wunderbar alleine lernen und merken das Resultat auch eindeutig.

Andere Techniken können sie natürlich auch alleine lernen, allerdings sollten sie hierbei auch aufpassen, da sie von anderen angegriffen werden könnten.

Wenn sie die Reine Telepathie lernen wollen, dann machen sie das mit einer Person, der sie vertrauen. Auch alle anderen Techniken sind nur unter besonders nahen Personen zu empfehlen, da dort eine evtl. entstehende energetische Verbindung, die so schnell nicht wieder zu lösen und somit nicht so verheerend ist.

1.01-1 Erkennen sie sich selbst

Um überhaupt erst einmal mit der Telepathie, oder der Empathie anfangen zu können, müssen sie sich erst mal ihres eigenen Körpers bewusst werden. Viele sind das gar nicht mehr und leben in einer Art Schwebezustand! Sie besitzen vielleicht sogar einen ausgesprochenen Energiekörper und fühlen sich damit und vor allem darin wohl, aber dadurch verlieren sie Gefühle und das Empfinden für ihren eigenen Körper.

Sie werden nun lernen, dass nicht nur ihr Bewusstsein Teil ihres Körpers ist, sondern auch das Fleisch und das Blut, dass ihren Geist beherbergt.

Um sich selbst zu erkennen, müssen sie nun erst einmal wissen, wie sie überhaupt richtig aussehen. Viele leben in einem vollkommen falschen glauben über sich selbst, was ihr Aussehen betrifft und somit kommt es vor, dass sie weit über ihren Körper hinaus leben.

Stellen sie sich somit vor einen Spiegel und betrachten sie erst mal ihr Gesicht. Oftmals werden sie hierbei schon eine Veränderung bemerken an sich selbst. Sie werden merken, wie sie sich anders anfühlen als sonst. Es kann sogar passieren, dass sie ein wenig zusammen zucken.

Seien sie nicht geschockt, denn das sind wirklich sie und zwar nur sie. Merken sie sich dieses Gefühl und achten sie immer darauf, wie sie aussehen.

Nun schauen sie sich weiter ihren Körper an und nehmen diesen mit ihren eigenen Augen wahr.

Drehen sie sich ruhig ein wenig und betrachten sie sich von allen Seiten. Nun werden sie sicherlich ein ganz anderes Gefühl haben, als zuvor. Aber grade dies sind sie selbst in der Regel... es sei denn, sie beherbergten eine Menge anderer Leute... entweder bewusst, oder auch unbewusst.

Vom Ansehen, also dem erkennen ihrer selbst, kommen wir nun direkt zum zweiten Teil dieser Übung.

1.01-2 Fühlen sie sich selbst

Zu der Erkenntnis ihres Aussehens, können sie nun beginnen sich zu erfühlen. Sie müssen die Grenzen ihres Körpers erkennen, damit sie diesen auch vollkommen beherbergen können.

Sie können schon vor dem Spiegel damit anfangen ihre Arme mit der Hand zu berühren, allerdings ist es besser, wenn sie diese beiden

Dinge getrennt voneinander machen, da sie sich in eine Traumwelt stürzen könnten.

Setzen sie sich nun also hin, oder legen sie sich auf ihr Bett o.ä.

Dies ist nun keine Aufforderung zu sexuellen Handlungen, sondern soll ihnen lediglich dazu dienen all ihre Körperteile zu fühlen.

Viele Leute leiden sehr, sehr stark unter Stress. Somit wollen wir nun auch damit beginnen, was sie machen können, um diesen am schnellsten los zu werden.

Legen sie ihre Hände vor das Gesicht. Einige werden hierbei schon merken, wie erholsam da sein kann und was noch viel wichtiger ist: einigen wird es mit Garantie so vorkommen, als ob man Energie weg drückt, oder zurückschiebt. Eignen kann es auch so vorkommen, als ob die Energie immer noch durch die Hände nach außen Weg strömt. Versuchen sie in diesem Fall ihre Hände als etwas Festes zu betrachten und versuchen sie es anschließend erneut.

Streichen sie nun mit ihren Händen durch ihre Haare, über den ganzen Kopf hinweg. Versuchen sie hierbei unbedingt alles genau zu erspüren, denn sonst bringt es ihnen nichts. Greifen sie auch ruhig mal zu ihren Ohren, ihre Nase usw. Merken sie sich, wie es sich anfühlt, denn das ist besonders wichtig, um ihren eigenen Körper zu verstehen und zu fühlen.

Vergessen sie bitte nie: ihr Körper ist eine feste Materie und genau diesen müssen sie auch so wahrnehmen.

Vielleicht wird während diesen Versuch´s einige von ihren Körperteile anfangen zu schmerzen: dies ist dann ein eindeutiges Zeichen dafür, dass sie außerhalb ihres Körpers gelebt haben und nun beginnen müssen diesen wieder vollständig wahr zu nehmen um lange zu leben.

Vergessen sie nicht auch mal ihre Arme und ihre Schultern abzutasten, oder daran entlangzustreifen mit ihren Händen. Streichen sie auch mal über ihre Füße, ihre Waden, Beine, ihren Bauch und auch die Hüfte. Berühren sie auch mal ihren Rücken, soweit sie können.

Nun müssten sie soweit sein, dass sie ihren Körper schon ein wenig mehr wahrnehmen. Sie wissen nun, wie sie aussehen und sie wissen nun, wie sie sich anfühlen. Allerdings sind wir nun immer noch nicht fertig: Denn der Körper ist nicht nur ein Gefäß, dass von Haut umgeben ist, sondern besitzt auch ein Inneres!

1.01-3 Der Kern der Hülle

Mittlerweile sollten sie sich schon ganz anders fühlen… einige vielleicht etwas schmerzhaft, andere vielleicht sogar schwach, und nicht selten kommt es hierbei vor, dass man sich alleine fühlt.

Wenn sie sich alleine fühlen, brauchen sie sich nicht zu sorgen, denn ihr Körper hat es einfach verlernt nur mit sich selbst zu leben und nicht von der Energie eines anderen, oder einer Gruppe. Sie können diese Bindungen sehr schnell wieder aufbauen, wenn es denn sei muss, was aber nicht sollte.

Um allerdings ihren Körper nun vollkommen zu spüren sollten sie sich dessen bewusst sein, dass dieser auch mit Knochen gefüllt ist und vielen anderen Dingen. Ihre Knochen können sie besonders gut am Schienbein merken, oder am Unterarm.

Das wichtigste ihres Körpers ist das Gehirn. Machen sie sich bewusst, dass hinter ihrer Stirn ein wesentlicher Bestandteil ihres Körpers ist. Hierbei kann es vorkommen, dass sie evtl. einen Widerstand spüren. Wenn dies der Fall sein sollte, dann haben sie in ihrer Art und Weise immer irgendwelche anderen Leute bei sich. Sie könne die Übungen dennoch weiter machen, bzw. grade deshalb.

Seien sie sich auch dessen bewusst, dass sie einen Magen besitzen usw. Spüren sie ihr Herz, wie es schlägt: Halten sie ruhig mal eine Zeit lang ihre Hand auf ihr Herz.

All die Nahrung, die sie zu sich nehmen, geht durch ihre Speiseröhre in den Magen hinein. Dies sollten sie auch spüren. Notfalls holen sie sich etwas zu trinken und/oder etwas zu essen und spüren sie, wie es innerhalb ihres Körpers entlang gleitet.

Spüren sie auch ihren Darm und alles andere, was sich in ihnen befindet.

1.01-4 Abschluss

Nun haben sie alle Punkte einmal durch. Einige von ihnen wird die alles sehr unwohl vorkommen, einige wird dieses ganz normal erscheinen.

Einige von ihnen werden allerdings hierbei tatsächlich ernsthafte Probleme haben. wahrscheinlich haben sie ein Gefühl, als ob sie etwas von unten nach oben drücken will. wenn dies der Fall sei sollte, lassen sie diese Energie einfach durch sich hindurch und halten sie sich weiter an ihren Körper.

Wiederholen sie diese Übungen ruhig des Öfteren und denken sie dabei nicht an andere, sondern sich selbst.

Fügen sie die einzelnen Teile zu einem Ganzen. Erinnern sie sich daran, wo alles von ihnen sitzt, erinnern sie sich an die Gefühle, die sie dabei haben, wo also die Grenzen ihres Fleisch und Blutes liegt.

Einige von ihnen werden nun schon so weit sein und merken, wie sich ihre Energie über, oder auch hinter ihnen aufhält. Die Frage hierüber ist nun, ob es nun wirklich ihre Energie ist, oder eine andere, an die sie verknüpft waren. Wenn sie diese Energie nicht mehr wollen, dann bleiben sie in ihren derzeitigen Energielosen Zustand und begeben sie sich in einen anderen Raum. Bleiben sie dabei dringendst entspannt, denn jede Kraftbenutzung kann sie wieder an diese Energie binden.

Ich habe ihnen erklärt, dass sie die einzelnen Gefühle und ihr Aussehen, somit alles, was sie erlernt haben zu einem Ganzen machen müssen. Achten sie hierbei bitte dringend darauf, dass sie sich das nicht als Bild in ihrem Kopf vorstellen, da sie hierbei ein Bild projizieren würden, was andere auf sie aufmerksam machen kann.

Um nun vollends Energielos zu sein, konzentrieren sie sich ausschließlich auf ihren Körper. Bleiben sie bei sich und denken sie nicht an etwas anderes.

Dies ist nun das Mittel, worauf sie immer wieder zurückgreifen können, wenn es ihnen in der Astralebene zu viel wird, oder wenn zu viele Personen sich in ihrer Energie aufhalten usw.

Lernen sie dies ausgiebig und alleine hierdurch wird ihnen einiges schon sehr klar erscheinen, sofern sie schon Erfahrungen mit der Telepathie haben.

Eine weitere sehr gute Übung um sich selbst zu finden, oder wiederzufinden ist es, wenn sie sich mal richtig strecken. Vergessen sie das nicht, wenn es ihnen mal zu viel wird und sie sich so vorkommen, als ob sie neben sich stehen.

In unserer dreidimensionalen, physischen Welt sind wir es gewohnt, über unsere fünf körperlichen Sinne zu kommunizieren. Um Informationen auszutauschen, bedienen wir uns vorwiegend der Sprache. Betrachtet man den Prozess der verbalen Kommunikation genauer, so stellt man bald fest, dass er sehr komplex und dadurch auch sehr fehleranfällig ist. Er beginnt mit den Gedanken, die sich im Kopf des „Senders" bilden.

Diese müssen dann in Form einer Sprache kodiert werden, um dann über die Stimme akustisch zum Empfänger übermittelt zu werden. Die Schallwellen werden vom Ohr des Zuhörers aufgenommen, an das Gehirn weitergereicht und dort wiederum über den Code der Sprache zu Gedanken im Kopf des Empfängers konvertiert.

Dieser Prozess der Informationsübertragung ist langsam, denn die Daten können nur seriell übertragen werden. Die verwendete Sprache hat ihre Grenzen und macht es oft schwierig, Gedanken und Gefühle möglichst präzise auszudrücken. Missverständnissen und Fehlinterpretationen sind dadurch Tür und Tor geöffnet. Dazu kommen noch physikalische Einflüsse, wie Lärm oder eine schlechte Telefonleitung, wodurch die akustische Informationsübertragung gestört werden kann. Wir alle kennen das „Stille Post"-Phänomen. Es ist fast unmöglich, über mehrere Menschen hinweg, Informationen fehlerlos zu transportieren. Selbst wenn die Worte korrekt beim Empfänger ankommen, so können sie von diesem noch immer anders interpretiert werden, als sie vom Sender gemeint waren.

Viele Konflikte des menschlichen Zusammenlebens haben ihren Ursprung in der Unzulänglichkeit der verbalen Kommunikation. Wäre es da nicht schön, wenn wir uns ganz unmittelbar mit unseren Mitmenschen austauschen könnten, ohne diese Umwege über Sprache, Stimme, Elektrizität usw. nehmen zu müssen? Stellen Sie sich vor wie es wäre, wenn Sie Ihre Gedanken direkt von Ihrem Kopf in den ihres „Zuhörers" übermitteln könnten? Ihre Kommunikation wäre um ein Vielfaches intensiver, umfangreicher und dabei frei von Missverständnissen. Aber das ist noch nicht alles. Stellen Sie sich vor, Sie könnten Ihrem Gegenüber vermitteln, was Sie gerade fühlen! Wahres Verstehen von Mensch zu Mensch wäre möglich. Man könnte mit dem anderen „miterleben"! Ein völlig neues Universum der Kommunikation würde sich uns eröffnen.

Die gängige Wissenschaftsmeinung schließt die Möglichkeit von Telepathie aus. Sie nimmt an, dass unsere Gedanken das Gehirn nicht verlassen können, sondern nur über die körperlichen Sinne, in der Regel durch Sprache, übermittelt werden können. Es gibt jedoch renommierte Wissenschaftler, wie zum Beispiel den britischen Biologen Rupert Sheldrake, welche Telepathie zu ihrem Forschungsgegenstand gemacht haben. Sheldrake ist der Überzeugung, dass unsere Gedanken weit über die Grenzen unseres Gehirns hinaus reichen. Seiner Ansicht nach kann man sich das Gehirn als eine Sende-Empfangs-Station vorstellen. Im Gehirn eines Menschen wird demnach eine Absicht formuliert und anschließend mental auf das Gehirn eines Empfängers gesendet. Ist dieser sensibel genug, so kann er die Absicht empfangen.

Diese These konnte Sheldrake empirisch belegen. Er führte zahlreiche Versuche zur Telefontelepathie durch und konnte einen über Zufall liegenden signifikanten Zusammenhang herstellen. Distanz spielt dabei keine Rolle, stattdessen hat emotionale Nähe einen entscheidenden Einfluss darauf, ob Telepathie funktioniert oder nicht. Auch Tiere verfügen über telepathische Fähigkeiten. So gehen zum Beispiel Hunde schon zur Haustüre, weil sie spüren, dass ihr Herrchen bald kommt, obwohl dieses noch kilometerweit entfernt ist.

Bei Telepathie handelt es sich um ein geistiges Phänomen. Deshalb interessierte es uns natürlich, was die geistige Welt dazu sagen kann. So erfuhren wir, dass telepathische Kommunikation in den feinstofflichen Welten den Standard darstellt. Das hat den einfachen Grund, dass Telepathie wesentlich schneller und dabei frei von Missverständnissen ist. Offensichtlich besitzt grundsätzlich jedes Wesen die Fähigkeit zu telepathischer Kommunikation. Wir Menschen scheinen sie nur verlernt zu haben. Können wir sie dann nicht wieder lernen?

Am 28. März 2014 sitzt ein Mann im gelben T-Shirt in der indischen Küstenstadt Thiruvananthapuram vor einem Bildschirm und versucht, eine Nachricht nach Europa zu übermitteln, an einen Empfänger in Straßburg. Keiner der beiden soll dabei sprechen oder auch nur einen Finger bewegen. Die Forscher, die das Experiment aufgebaut haben, wollen den ersten Beweis einer Gehirn-zu-Gehirn-Kommunikation antreten, sie wollen Gedanken aus dem einen Gehirn herauslesen und in das andere hineinschreiben. Von Telepathie wird später die Rede sein.

Der Mann in Indien trägt eine Haube mit acht Elektroden auf dem Kopf. Er sieht etwas seltsam aus, wie ein verkabelter Wasserballspieler, aber er soll ja keinen Schönheitswettbewerb gewinnen, sondern eine Botschaft senden, genauer gesagt: ein Wort, codiert in einer Bitfolge aus Nullen und Einsen. Will der Mann eine 1 schicken, soll er sich vorstellen, er bewege die Hände. Will er eine 0 schicken, soll er sich vorstellen, er bewege die Füße. Die Elektroden in der Haube registrieren

dafür die Signale des Motorkortex, eines Gehirn-
areals gleich unter der Schädeldecke. Per E-Mail
schickt ein Rechner die Bitfolge nach Europa. Es
ist wie Morsen mit Gedanken.

In Straßburg sitzt zur selben Zeit ein Mann in
einem Labor, die Augen verdeckt von einer
Schlafmaske. Ein Roboterarm bugsiert eine Mag-
netspule an seinen Hinterkopf, dort befindet sich
das Sehzentrum des Gehirns. Kommt eine 1 aus
Indien, reizt ein magnetischer Impuls das Sehzentrum, der Mann nimmt einen Lichtblitz wahr.
Kommt eine 0, wird ein anderer Magnetimpuls
abgefeuert, es bleibt dunkel. Nach 70 Minuten
hat der Mann 140 Bits aus Thiruvananthapuram
empfangen und die Nachricht von einem Computer entschlüsseln lassen. Zum ersten Mal haben
Menschen ein Wort von Gehirn zu Gehirn übertragen, ohne zu sprechen: "Hola".

Unter Gedankenübertragung stellt man sich
gemeinhin etwas anderes vor, als 70 Minuten
lang an Hände oder Füße zu denken, um auf Spa-
nisch Hallo zu sagen. Aber hat das Zeitalter der
Telefonie nicht ähnlich bescheiden angefangen,
wenn auch etwas unterhaltsamer? "Das Pferd
frisst keinen Gurkensalat", dieser Satz wird am
26. Oktober 1861 vor einem Frankfurter Hörsaal
in ein Trichtermikrofon gesprochen, in Strom

umgewandelt, in den Hörsaal übertragen und dort vom Erfinder des Telefons, Johann Philipp Reis, vor staunendem Publikum fast fehlerfrei wiederholt. Hätte Reis zu träumen gewagt, dass die Menschen 150 Jahre später beim Spazierengehen telefonieren können, ohne Kabel und über Kontinente hinweg? Wird die Geschichte des Gedankenlesens und der Gedankenübertragung eine ähnliche Fortsetzung haben wie die des Telefons? Werden wir also auf das "Hola" aus Thiruvananthapuram irgendwann zurückblicken wie heute auf das Pferd und den Gurkensalat?

Die französischen und spanischen Forscher, die das Gedankenmorsen organisiert haben, neigen jedenfalls nicht zu Bescheidenheit. "Wir reden lieber von Geist-zu-Geist-Kommunikation als von Gehirn-zu-Gehirn-Kommunikation", schreiben sie in ihrer Veröffentlichung, "weil sowohl das Senden als auch das Empfangen der Nachricht eine bewusste Aktivität der Teilnehmer erfordert." Es ist eine kühne, vielleicht eine unverschämte Behauptung.

Gehirn oder Geist, das ist kein kleiner Unterschied. Wer Gehirne erforscht, registriert Neuronenaktivität, Durchblutung, Sauerstoffgehalt. Wer den Geist versteht, liest Gedanken. Er blickt dem Menschen ins Ich. Gehirn und Geist sind irgendwie miteinander verknüpft. Wie lässt sich diese Verbindung entschlüsseln? Das ist die Frage, um die sich derzeit alles dreht.

Wissenschaftler in aller Welt arbeiten daran. Sie legen Freiwillige in Hirnscanner, setzen ihnen Elektrodenhauben auf oder legen Sensoren unter die Schädeldecke von Patienten. Aus den Gehirndaten eines Menschen wollen sie ableiten, welche Absichten er hegt, welche Gefühle er empfindet, welche Bilder, Melodien oder gar Wörter ihm durch den Kopf gehen.

Für die einen ist diese Forschung ein Segen. Vollständig gelähmte Menschen vermögen dank neuartiger Gehirn-Maschine-Schnittstellen mit ihren Angehörigen und Pflegern zu kommunizieren. In Kyoto baut der Hirnforscher Shin Ishii ein Modellhaus, dessen Bewohner ihre Haushaltsgeräte mithilfe von Gehirnströmen fernsteuern sollen. Spielehersteller vermarkten Games mit Neurofeedback als das nächste große Ding.

Für die anderen sind die Visionen der Neurotechnik ein Albtraum. Dave Eggers' Roman The Circle beschreibt eine hypertransparente Gesellschaft, in der jede Bewegung, jede Freundschaft, jedes Wort durch den Apple-Google-Facebookähnlichen Superkonzern The Circle öffentlich gemacht wird. In der letzten Szene liegt eine der Protagonistinnen im Koma auf der Intensivstation. Ein Monitor zeigt ihre Hirnströme, aber niemand versteht die Signale. Es sind die letzten Daten, die der Konzern noch nicht entschlüsseln kann. Ein Skandal! The Circle muss das ändern.

Wie gern würde man hin und wieder in die Köpfe der anderen hineinschaut. Wissen, was sie wirklich denken, ob sie etwas verschweigen oder lügen, ob sie unsere Gefühle erwidern, wer sie wirklich sind. In dem Film Strange Days von Kathryn Bigelow lassen sich die Erlebnisse eines Menschen per Gehirn-Computer-Schnittstelle sogar aufzeichnen und auf andere Gehirne übertragen. Die Bewusstseinsströme werden auf dem Schwarzmarkt gehandelt wie eine Art Seelenporno: Man dringt in die Erlebniswelt fremder Leute beim Sex ein, spürt den Adrenalinkick eines Gangsters, beobachtet die Welt durch die Augen eines Sterbenden. In den neunziger Jahren, als der Film gedreht wurde, war das krasse Science-Fiction. Wer heute die Nachrichten aus der Hirnforschung verfolgt, ertappt sich schon mal bei der Frage, wann die App dazu kommt.

Gedankenlesen wird zur seriösen Wissenschaft. Aber man muss bei jeder neuen Sensationsmeldung genau hinschauen, was die Experimente wirklich gezeigt haben. Liest da jemand einfach zwei motorische Signale aus, um binäre Zeichen durch die Welt zu schicken? Funktioniert die Methode nur, wenn man vorher den Schädel öffnet? Musste der Held der Forschung zunächst stundenlang im Hirnscanner trainieren?

In der Nähe des Berliner Hauptbahnhofs, auf dem Gelände des Universitätsklinikums Charité, befindet sich eines der Hauptquartiere der Gedankenleser, obwohl die Forscher sich natürlich niemals so nennen würden. Hier späht John-Dylan Haynes mithilfe großer Magnetröhren in die Gehirne von Freiwilligen, hier zeigen sich die neuen Möglichkeiten, aber auch die großen Hürden der Neurotechnik. Funktionelle Magnetresonanztomografie (fMRT) heißt Haynes' Lieblingsmethode, gern auch Hirnscan genannt. Damit können die Forscher in unterschiedlichen Experimenten bereits feststellen, ob eine Versuchsperson gerade an einen Hund oder an eine Katze denkt, ob sie ein bestimmtes Produkt gern kaufen würde oder eher nicht, ob ein Proband vorgegebene Zahlen lieber addieren oder subtrahieren möchte, ob jemand einen Ort schon einmal gesehen hat. "Wenn ich bestimmte Dinge denke, schlägt sich das in bestimmten Hirnprozessen nieder", sagt Haynes. "Es gibt Bewusstseinsinhalte, und es gibt Hirnprozesse, und die haben offenbar systematisch etwas miteinander zu tun." Das eine ist Geist, das andere Gehirn. Mithilfe mathematischer Verfahren versucht man, sie zu verknüpfen.

Der Philosoph Ludwig Wittgenstein war davon überzeugt, dass der Mensch nur in Worten denken könne. "Die Grenzen meiner Sprache bedeuten die Grenzen meiner Welt", schrieb er vor hundert Jahren. John-Dylan Haynes ist ein pragmatischer Naturwissenschaftler, er bevorzugt eine andere Definition. Gedanken seien "alle Dinge, die wir bewusst erleben", sagt er. "Das können einfachste Empfindungen sein, Gefühle oder Bilder, Erinnerungen und auch komplexe satzartige Strukturen."

Ein Hirnscanner misst zunächst nur Durchblutungsänderungen im Gehirn. Wo mehr Blut fließt, so das Prinzip, verbraucht das Gehirn mehr Energie, und dort sind die Nervenzellen – die Neuronen – gerade besonders aktiv. Die Aufnahmen zeigen die Aktivität in Volumenelementen von der Größe eines Reiskorns – Mediziner sprechen von Voxeln. "Diese Bilder werden oft missverstanden", sagt Haynes. "Sie sind keine Fotografien des Gehirns, sie zeigen nicht, wo Gedanken sind, sie zeigen zunächst einmal nur, wo etwas passiert." Erst mithilfe von Lernalgorithmen lassen sich aus den Aktivitätsmustern einzelner Gehirne sinnvolle Interpretationen ableiten. Wie ein Fingerabdruck zu einer ganz bestimmten Person gehöre, so habe auch jeder Gedanke ein spezifisches Aktivitätsmuster im Gehirn. Allerdings: Jedes Gehirn denkt anders.

Gedanken sind biografisch gefärbt und entsprechend unterschiedlich codiert. "Wenn ich an einen Hund denke, passiert in meinem Gehirn etwas anderes als in Ihrem", sagt Haynes. Ein Hund – das ist für manche ein flauschiger Gefährte und ein treuer Freund aus Kindertagen. Anderen kommt dagegen lautes Bellen in den Sinn oder die Erinnerung an einen schmerzhaften Biss. Es gibt kein universelles Gedankenmuster für den Hund. Und auch nicht für ein Fahrrad oder die Mona Lisa. Deshalb muss der Computer immer erst lernen, mit welchem Aktivitätsmuster ein bestimmter Gedanke im Gehirn einer individuellen Person codiert ist. Die Versuchspersonen in Haynes' Kernspintomografen denken gewissermaßen auf Probe. Für jede von ihnen erstellen die

Forscher eine Datenbank. Mit einem Mustervergleich können sie später rekonstruieren, woran jemand denkt.

Wenn die Person im Hirnscanner an ein Foto oder Gemälde denkt, dessen Code bereits in der Datenbank gespeichert ist, können die Forscher das Motiv fast immer richtig erraten. Denn die Hirnareale für das Sehen oder Hören sind besonders groß und damit gut zu vermessen. Doch je abstrakter die Gedanken, desto schwieriger sind die entsprechenden Gehirnsignale zu interpretieren. Emotionen oder Absichten lassen sich nicht so einfach zuordnen wie Bilder, und sprachliche Gedanken können die Forscher mit einem Kernspin überhaupt nicht auslesen. Das hat auch mit einer entscheidenden Schwäche der Methode zu tun: Die Messung hängt vom Blutfluss ab, und der ist verhältnismäßig träge. Beim Sprechen ändern sich die Aktivitätsmuster im Gehirn jedoch so schnell, dass die Kernspinmessung nicht hinterherkommt.

Eine weitaus schnellere Möglichkeit besteht darin, die Hirnströme eines Menschen auszulesen, also die elektrischen Impulse, die beim Feuern der Neuronen entstehen. Sie liefern eine Art

Liveaufnahme des Denkens. Die Bremer Informatikerin Tanja Schultz wagt sich mit dieser Methode an die Königsdisziplin des Gedankenlesens: Sprache erkennen.

Tanja Schultz ist es gemeinsam mit amerikanischen Neurowissenschaftlern vor kurzem erstmals gelungen, vollständige Sätze aus den Hirnströmen zu rekonstruieren. Dafür sollten die Probanden Texte laut vorlesen: Auszüge aus der legendären Antrittsrede von John F. Kennedy oder Kinderreime. Elektroden zeichneten währenddessen die Aktivitätsmuster der Großhirnrinde auf. Aus den Signalen erstellten die Forscher eine Art Lautbibliothek für jede Person. Dabei ordneten sie jedem Laut ein bestimmtes neuronales Signal zu. Wurden die Texte später noch einmal vorgelesen, konnten sie anhand der Hirnsignale die richtigen Texte erkennen. Eine Weltpremiere.

Und jetzt das Kleingedruckte: Die Probanden waren Epilepsiepatienten, denen man ein Sensoren Netz unter der Schädeldecke, also direkt auf die Großhirnrinde, implantiert hatte. Dort sind die Signale viel stärker als außerhalb des Schädels. Ein solches Verfahren ist freilich nur zulässig bei Menschen, deren Schädel ohnehin aus medizinischen Gründen geöffnet werden muss. Durch das laute Vorlesen feuerten außerdem auch jene

Neuronen, die für Hören und Mundbewegung zuständig sind, was die Aktivitätsmuster noch einmal deutlicher machte. Tanja Schultz sagt: "Der nächste Schritt wäre, Sätze zu decodieren, die sich jemand nur vorstellt und nicht laut vorliest." Es wäre ein Riesenschritt.

Die spannende Frage ist, ob sich Signale dieser Art auch von außerhalb des Schädels entschlüsseln lassen. Zwar kann man Hirnströme mithilfe einer EEG-Haube auch an der Kopfhaut auslesen (die Abkürzung steht für Elektroenzephalografie, abgleitet von Encephalon für Gehirn und Graphien für schreiben). Ein EEG kann das Gehirn aber nicht so genau durchleuchten wie invasive Methoden oder ein Hirnscanner, denn der Schädelknochen dämpft die Signale wie eine Lärmschutzwand.

Tanja Schultz ist dennoch optimistisch, dass die Technik eines Tages weit genug fortgeschritten sein wird, um gedachte Sätze auszulesen. Profitieren würden davon Menschen, die vollständig gelähmt sind und aus eigener Kraft nicht mehr sprechen können. Sie könnten auf diese Weise mit ihren Angehörigen oder Pflegern kommunizieren. Schultz geht davon aus, dass sie das noch erleben wird. Sie ist jetzt 51 Jahre alt. Aber sie betont: "All das funktioniert nur bei kooperativen Personen, die verstanden werden möchten. Es geht hier nicht darum, dass Gedanken, die im Kopf herumschwirren, von irgendwelchen Geräten abgefangen und decodiert werden können."

So gesehen, scheint es unmöglich, Menschen gegen ihren Willen Geheimnisse zu entreißen. Sowohl mit der fMRT-Technik als auch mit der EEG-Haube müssen die Versuchspersonen mitunter stundenlang unter Anleitung der Wissenschaftler trainieren, um die Datenbank ihrer eigenen Aktivitätsmuster zu füllen. Allerdings ist nicht ausgeschlossen, dass es eines Tages doch so etwas wie einen universellen Gedankendecoder geben kann. Die Forscher, die in Kyoto an einer Gedankensteuerung für Haushaltsgeräte arbeiten, durchforsten mit Big-Data-Algorithmen bereits öffentliche Datenbanken mit Hunderten von Hirnscans, um eben doch Gemeinsamkeiten unter den Denkmustern zu finden. Immerhin können sie schon erkennen, ob das Gehirn mit einer sprachlichen, emotionalen, motorischen, sozialen oder einer anderen Tätigkeit beschäftigt ist.

Die Hirnforscher stecken in einem Dilemma. Sie möchten auf keinen Fall als skrupellose Neurospione erscheinen, die den Menschen ihre Gedanken klauen wollen. Sie möchten, wie Tanja Schultz, gelähmten Menschen helfen. Oder, wie John-Dylan Haynes, die Mechanismen des Denkens verstehen. Allerdings interessiert sich auch das Militär längst für die Neurotechnik. Die Forschungseinrichtung Darpa des US-Militärs finanziert die Entwicklung von Gehirn-Computer-Schnittstellen seit Jahren. Geheimdienstmitarbeiter sollen damit die Unmengen an Spionagefotos zügiger analysieren, Soldaten Gefahrensituationen schneller erkennen können. Und John-Dylan Haynes hatte schon mal Kontakt zu jemandem, der im Auftrag der britischen Regierung Terroristen aufspürt. Er sagt: "In solchen Momenten macht man es sich dann nicht mehr so leicht, mit diesen Techniken umzugehen."

Was von dem, was in den Laboren möglich ist, soll tatsächlich im Alltag Realität werden? Diese Frage treibt auch Haynes' Kollegen Benjamin Blankertz um. Er ist Professor an der Technischen Universität Berlin und forscht ebenso wie Haynes im Bernstein-Netzwerk Computational Neuroscience. Doch während Haynes 15 Tonnen schwere Tomografen braucht, um seinen Probanden ins Gehirn zu spähen, experimentiert

Blankertz mit EEG-Hauben, die man einfach aufsetzen kann. Seine Forschungsgruppe kann damit abschätzen, ob jemand gleich seinen linken oder rechten Arm bewegen wird. Oder welches Manöver ein Autofahrer vorhat.

Will der Fahrer auf die Bremse treten, verraten seine Hirnströme diese Absicht – schon 130 Millisekunden bevor er das Pedal tritt. In dieser Zeit fährt ein Auto bei hundert Stundenkilometern knapp vier Meter weit. Blankertz hat das Experiment in Zusammenarbeit mit Daimler gemacht, es ist ein Spezialfall des Gedankenlesens: Absichten erkennen. Zur Verkürzung der Reaktionszeit könnte man die Absicht, zu bremsen, theoretisch direkt aus dem EEG-Signal an die Bordelektronik weiterleiten. Autofahrer müssten dafür neben dem Anschnallgurt eine EEG-Haube tragen, aber das ist das kleinere Problem.

Was passiert, wenn ein Autofahrer am Ende doch nicht stark bremsen möchte, weil die Straße vielleicht nass ist und er sich im letzten Moment für ein Ausweichmanöver entschließt? Lässt sich die Absicht noch zurücknehmen, wenn der Computer sie erst einmal abgefangen hat? Es geht hier nicht nur um Verkehrssicherheit. Es geht um Freiheit. Wer wäre noch der Herr im eigenen

Haus, wenn Maschinen unsere Absichten schneller erkennen als wir selbst? In einem anderen Experiment haben Blankertz und Haynes festgestellt, dass Menschen ihre motorischen Absichten bis zu einem relativ späten Zeitpunkt noch ändern können. Ein Bereitschaftssignal im Gehirn bedeutet demnach nicht zwangsläufig, dass der Mensch eine geplante Bewegung auch umsetzt. Er hat die Freiheit, sich noch umzuentscheiden. Eine Absichtenlesemaschine würde ihm diese Freiheit aber womöglich nehmen, wenn sie seine frühen Hirnsignale augenblicklich in die Tat umsetzte. Sie würde dann vorschnell handeln. Vielleicht keine gute Idee bei Autofahrern. Und es gibt noch ein Problem, und das betrifft uns alle.

Vor drei Jahren fegte ein Mediensturm über Ivan Martinovic hinweg, und die Journalisten verglichen seine Arbeit mit "Gehirn-Hacken". Anschließend bekam er einige E-Mails von Verschwörungstheoretikern. Dabei hat er nur das gemacht, was sein Job als Cyber-Security-Professor ist: nach Sicherheitslücken Ausschau halten. Diesmal halt im Gehirn.

Von seinem Büro im Cyber Security Centre aus blickt Martinovic auf das Naturkundemuseum Oxfords. In dem Museum steht unübersehbar die Bedrohung von gestern: ein Skelett des

Riesendinosauriers Tyrannosaurus Rex. Die Bedrohung von heute ist unsichtbar. Sie versteckt sich in Software und Apps, und vielleicht werden demnächst auch Gehirnwellen angezapft. Martinovic wurde darauf aufmerksam, als er nach seiner Promotion an die Universität von Kalifornien in Berkeley ging. Da waren auf einmal diese EEG-Gadgets für Computerspiele im Umlauf. Für dreihundert Dollar konnte man sich ein kleines Gestell anschaffen, das die Gehirnströme misst. Mit Gedankenkraft ins Spiel eingreifen, das war die Idee.

Ivan Martinovic hat sich darauf spezialisiert, die Welt nach threat models abzusuchen, nach Bedrohungsszenarien. Als er das EEG-Spielzeug sah, war das threat Model offensichtlich: Die Geräte lesen Gehirnströme aus und stellen die Rohdaten beliebigen Apps zur Verfügung. Martinovic findet das nicht verwerflich. Warum sollte man Computerspiele nicht auch mit Gehirnwellen steuern? Er fragt sich nur, ob Gauner eine App programmieren können, mit der sie heimlich sensible Informationen aus dem EEG fischen könnten.

Die Forscher besorgten eines der Amateur-EEGs mit 14 Elektroden. Dann setzten sie die Haube 30 Studenten auf und zeigten ihnen auf dem Bildschirm ein Zahlenfeld mit den Ziffern 0 bis 9, wie man es am Geldautomaten sieht. Die Zahlen blinkten abwechselnd auf. Die Aufgabe lautete: Konzentrieren Sie sich auf die erste Ziffer Ihrer PIN. Während die Studenten auf die Monitore starrten, fahndeten die Forscher im Datenrauschen nach Auffälligkeiten. Und sie wurden fündig.

Jeweils knapp eine Drittelsekunde nachdem die richtige PIN-Ziffer aufblinkte, registrierte das EEG einen winzigen Impuls. Hirnforscher kennen diese Reaktion als P300-Impuls (P steht für eine positive elektrische Spannung, 300 für 300 Millisekunden). Das Signal zeigt eine Veränderung der Aufmerksamkeit und tritt dann auf, wenn man in einer gleichförmigen Reihe von Tönen, Zeichen oder Fotos plötzlich etwas entdeckt, das für einen selbst relevant ist. Überraschend ist, dass das schwache Signal auch mit einem billigen EEG-Gerät detektiert werden kann. Die Forscher in Oxford mussten dafür die PIN-Ziffern einfach mehrmals aufblinken lassen und die schwachen Signale addieren.

Auf diese Weise konnten sie für 20 Prozent der Teilnehmer die erste PIN-Ziffer auf Anhieb korrekt erraten. Noch bessere Ergebnisse erzielten sie, als sie mit blinkenden Ausschnitten von

Stadtplänen herausfinden wollten, in welchem Stadtteil jemand wohnt. Und den Geburtsmonat der Studenten tippten sie in 60 Prozent der Fälle auf Anhieb richtig. Das reicht nicht für große Gaunereien. Doch für die Gedankenleser sind solche Daten eine kleine Sensation.

Sicher, welcher Trottel konzentriert sich freiwillig auf seine Geheimzahl, wenn er eine EEG-Haube trägt und eine App ihn dazu auffordert? "Es ist keine Attacke, die uns morgen beschäftigen wird", sagt Ivan Martinovic, "aber Betrüger sind einfallsreich." Sie könnten versuchen, Spähangriffe als spielerische Aufgaben zu tarnen. Er ist überzeugt: "Dies ist nur der Anfang."

Wer in diesen Tagen mit Neurowissenschaftlern spricht, hört das oft: Dies ist nur der Anfang. Aber wenn dies nur der Anfang ist, wer schreibt dann die Fortsetzung? "Anwälte, vor allem Strafverteidiger", sagt Reinhard Merkel, Mitglied des Deutschen Ethikrats und Juraprofessor an der Universität Hamburg. "Ich bin sicher, dass wir die Neurotechnik bald in deutschen Gerichtsverfahren sehen werden."

In Indien wurde 2008 erstmals jemand auf der Basis eines EEG-Tests verurteilt. Das Gericht sah es als erwiesen an, dass die Angeklagte ihren Verlobten vergiftet hatte. Man hatte ihr unterschiedliche Aussagen zum möglichen Tathergang vorgespielt ("Ich habe Arsen gekauft", "Ich habe Udit angerufen", "Ich habe ihm mit Arsen vergiftete Süßigkeiten gegeben"). Die dabei gemessenen Hirnsignale seien nur durch Erfahrungswissen zu erklären, behaupteten die Gutachter: Die Angeklagte müsse die Situationen tatsächlich erlebt haben. Das Gericht verurteilte die Frau zu lebenslänglicher Haft. "Ein skandalöses Urteil", meint Reinhard Merkel, "dafür ist diese Technik bei Weitem nicht zuverlässig genug. Das Gehirn hat kein 'Lügenareal'." Die bunten Bilder der Neurotechnik täuschten Richtern und Geschworenen eine wissenschaftliche Genauigkeit vor, von der die Methoden weit entfernt seien. Kritiker reden vom Weihnachtsbaum-Effekt, weil die Richter vom Glitzerkram eingelullt würden.

In Berlin konnte John-Dylan Haynes zwar nachweisen, dass man anhand der Hirnaktivität durchaus erkennen kann, ob ein Mensch an einem bestimmten Ort schon einmal gewesen ist oder einen Gegenstand schon einmal gesehen hat. Aber: "Die Trefferquote war keineswegs so hoch, dass man die Signale als zweifelsfreies Beweismittel nutzen könnte." Und was genau sagt ein solches Signal eigentlich aus? Vielleicht war der Verdächtige am Tatort, aber nicht zum Tat-zeitpunkt, sondern am Tag davor. Vielleicht er-kennt er einen Gegenstand bloß deshalb wieder, weil viele Menschen ihn besitzen. Für einen ers-ten Versuch bat Haynes seine Mitarbeiter, Fotos ihrer privaten Wohnungen mitzubringen, um das Wiedererkennen zu testen. Das Unterfangen scheiterte daran, dass die Mehrheit sich bei Ikea eingerichtet hatte – ihre Wohnungen sahen ver-blüffend ähnlich aus.

"Die Lücke zur Anwendbarkeit ist riesig", sagt Haynes. Außerdem lässt sich die Neurotechnik austricksen, wenn die Angeklagten nicht koope-rieren. Wer auf der Zunge kaut, am Bildschirm die falschen Objekte fixiert oder sich an aufrüttelnde Ereignisse erinnert, kann die unterschiedlichen Neuroverfahren sabotieren.

Reinhard Merkel hält es dennoch für legitim, dass Anwälte Hirnscans oder EEG-Messungen nutzten, um Indizien für die Glaubwürdigkeit ih-rer Mandanten zu sammeln. "Überführen kann man einen Beschuldigten damit nicht." Aber die Verteidigung brauche ihn ja nur zu entlasten. "Dafür muss sie auch Methoden mit schwacher Evidenz heranziehen dürfen. Und die Technik entwickelt sich ja weiter." Merkel drängt darauf, dass Juristen sich mit den Methoden der Hirnforscher vertraut machten.

Neue Technologien überkommen die Welt nicht wie Naturkatastrophen. Sie sind kein Schicksal, dem man sich ergeben muss. Sie haben Vor- und Nachteile, über die sich zu streiten lohnt: Braucht es Grenzen? Verbote? Regeln? Davon hängt ab, ob Neurotechnik in Zukunft in einer Reihe mit Atomkraft und Fracking stehen wird oder eher in der gefühlten Nachbarschaft von Smartphones und Solarstrom.

Wissenschaftler des Fraunhofer-Instituts ISI fordern vorsichtshalber einen besseren Datenschutz. "Es scheint offensichtlich, dass Neurodaten – insbesondere solche zu Gedanken und Gefühlen – von sehr privater Beschaffenheit sind und daher als ›sensibel‹ betrachtet werden müssen", schrieben sie Anfang Juni in der Süddeutschen Zeitung. "Die Liste der sensiblen Daten ist jedoch sehr exklusiv, und Neurodaten gehören bislang noch nicht dazu. Nach derzeit geltendem Recht unterliegen Neurodaten den gleichen Vorschriften wie Schuhgrößenmessungen."

Kein Zweifel, eine Gesellschaft, in der alle Gedanken öffentlich sind, wäre brutal. Aber da ist noch eine andere, positive Utopie: Verbinde Gedanken, Gefühle und Gehirne miteinander, ohne sie in Sprache zu übersetzen. Werde Teil einer Feedbackschleife. Besuche ein Konzert von David Rosenboom.

An einem Montag im Juni steht David Rosenboom in der Konzerthalle von Plymouth an der britischen Südküste und sucht ein Ladegerät für zwei EEG-Stirnbänder. In drei Stunden beginnt sein Konzert, dies ist die Generalprobe. Rosenboom ist der Pionier der Gehirnmusik. Seit 40 Jahren versucht er, Gedanken, Gefühle und Musik miteinander zu verschmelzen. Er trägt ein Armband mit Holzperlen und ein grünes Hawaiihemd, dazu eine bunt gewebte Tasche aus Peru, vielleicht Reverenzen an seine Hippiezeit, jedenfalls hat er schon John Lennon und Yoko Ono verkabelt und ihre Gehirnströme in Sphärenklänge verwandelt. Andere nahmen LSD, um ihr Bewusstsein zu erforschen, Rosenboom nahm Strom. In einer seiner Performances sollten sich Zuhörer elektrische Impulse durch den Schädel schicken. Es gab damals noch nicht so viele Ethikkommissionen.

Museen in aller Welt haben ihm Retrospektiven gewidmet, aber Rosenboom ist noch nicht fertig. Nicht jetzt, da all diese neuen Gehirn-

Computer-Schnittstellen auf den Markt kommen. In Plymouth findet an diesem Tag die erste Konferenz für Musik-Gehirn-Computer-Schnittstellen statt, und Rosenboom ist der Stargast. Er wurde aus Los Angeles eingeflogen, wo er als Professor am California Institute of Arts unterrichtet. Nun sitzt er vor einem Laptop, einem Synthesizer und einem 55-Zoll-Bildschirm und erklärt zwei Studenten, was er mit den beiden an diesem Abend vorhat. Die beiden studieren experimentelle Musik in Plymouth und sind Experimenten gegenüber nicht abgeneigt: Michael promoviert über Gesänge von Buckelwalen, Nurii sucht nach einer Idee, Phänomene der Astrophysik in Musik zu übersetzen. Sie legen die EEG-Bänder an und schließen die Augen. "Ich erwarte nicht, dass ihr irgendetwas kontrolliert", sagt Rosenboom. "Entspannt euch, und hört zu. Es ist okay, wenn ihr die Augen aufmacht, aber blinzelt so wenig wie möglich." Blinzeln stört die Elektronik. "Just let it be", sagt Rosenboom.

Nach der Generalprobe kommt ein Lokalreporter vom Fernsehen. "When does the noise start?", fragt er. Wann beginnt der Krach? Um 19 Uhr gibt David Rosenboom vor dem Publikum eine kurze Erklärung ab. "Michael und Nurii haben dieses Stück noch nie aufgeführt", sagt er.

Die beiden Studenten würden einfach nur zuhören, während der Computer ihre Gehirnwellen registriere. Änderungen in der Frequenz der Gehirnwellen beeinflussten die Tonhöhen des Synthesizers, außerdem ändere sich die Musik, wenn die Gehirnströme von Michael und Nurii gleichzeitig Änderungen aufwiesen. Dann geht es los, leise, anschwellend, laut, leise. Was aus den Lautsprechern kommt, klingt ein bisschen wie Walgesang in einer Tropfsteinhöhle, aber das ist natürlich subjektiv. Die Fachleute für Gehirn-Computer-Musik-Schnittstellen lauschen andächtig und spenden nach 30 Minuten tosenden Applaus. Die Begeisterung ist ansteckend, aber auch beruhigend. Wenn das die Gedanken von Michael und Nurii waren, braucht man sich vor den Geheimdiensten vorerst nicht zu fürchten.

Nun ich denke dass dieses im Grunde ein unendliches Thema ist welches ohne Anfang und ohne Ende ist.
Am Anfang erklärte ich bereits in diesem Buch das aufgrund unserer Entstehung unseres Ursprungs und damit Telepathie und Gedankenübertragung seinem Anfang unserer Geschichte bestehen muss. Es wird wohl so sein dass die Thematik über Telepathie und Gedankenübertragung so lange in der Luft hängen wird solange

sich Wissenschaftler von allen Seiten nicht dar-über her machen versuchen wie bei allen anderen Wissenschaften die Telepathie aus dem Bereich der Dunkelheit zu hohen. Man weiß dass das Militär westlich wie östlich seit Jahren an Telepathie oder Gedankenübertragung einarbeitet aber leider wird dieses nicht öffentlich getan sondern sollte wahrscheinlich bei einem Erfolg zuerst mal als neue Waffe benutzt werden.

Aufgrund meiner eigenen Erfahrungen aber kann ich ihr nur sagen das Telepathie der Gedanken-übertragung und auch damit verbundene geistige Wissenschaften einwandfrei existieren. Kein Wissenschaftler der Welt kein Psychoanalytiker kein Psychiater könnte rein aus wissenschaftlicher Sicht meine Erfahrungen als dubios bezeichnen. Nun ist es auch so das in einigen Ländern wie zum Beispiel in der Schweiz die Telepathie inzwischen bis in den Fernseherbereich vorgedrungen ist und das nicht nur als Unterhaltung Show sondern auch um das Volk dafür zu erwecken ja das Volk super dafür zu engagieren eigene Erlebnisse oder Versuche zu dokumentieren. Es gibt in der Zwischenzeit in Europa einige Gesellschaften oder Vereine die sich ganz gezielt wissenschaftlich mit der Telepathie und der Gedankenübertragung beschäftigen.

Natürlich sollte der Leser dieses kleinen Buches die Telepathie und die Gedankenübertragung und benachbarte Wissenschaften nicht vergleichen mit den Anzeigen in welche in jeder Boulevardzeitung stehen. Telepathie ist eine ernste Wissenschaft und nicht ein Sterne deuten oder ein mit Engel sprechen. Jene Leute welche in Zeitungen oder auf Webseiten der Massenmedien Telepathie oder sprechen mit den Verstorbenen Kontakt mit Engeln usw. anbieten suchen im Grunde nur Menschen welch in der Not sind und knüpfen Ihnen dann das ersparte ab. Dieses kann natürlich auch nur passieren da die Gesellschaft die Politik die Wissenschaft bis heute nicht bereit ist das Thema Gedankenübertragung und Telepathie eine wissenschaftliche Grundlage zu geben. Wenn der Name Telepathie oder im weiteren Sinne Gedankenübertragung endlich so geschützt würde wie Psychiater oder Dr. med. oder Psychologe dann könnte man endlich die Scharlatane aus sortieren durch eine wissenschaftlich fundierte Ausbildung oder zu mindestens Anerkennung.

Bis dahin aber werden und müssen Sie sicher noch weit und lange suchen bis sie tatsächlich jemand finden welcher ihnen in ihrer Not oder Verzweiflung mit Telepathie helfen kann. Aus eigenen Erfahrungen und Gesprächen mit über 80 Anbietern von Engelsgesprächen christlichen Gesprächen Engelskontakten in Bezug auf Telepathie kann ich Ihnen versichern dass ich in

Deutschland per E-Mail nur zwei gefunden habe welche A nicht auf ihr Geld aus sind und B. Tatsächlich in helfen wollen mit Telepathie.

Im Dezember habe ich nach einem Treffen in Brüssel eigentlich mir vorgenommen einen Telepathie Zirkel in Nordrhein-Westfalen oder im Kölner Raum zu gründen. Leider ist es aus gesundheitlichen Gründen bisher noch nicht so weit gekommen.

Sollten Sie aus dieser Gegend sein und an Telepathie interessiert, würde ich mich freuen wenn sie sich mit mir unverbindlich in Kontakt setzen würden.

Bei Lesern welche durch oder über das Buch Hilfe oder Hinweise suchten oder suchen, welche Kontakt zu einem Medium oder einen Telepaten gesucht haben oder auch suchen, setzen Sie sich einfach hin und schreiben Sie mir eine E-Mail mit einer kurzen Erklärung warum und wieso sie denken dass ihnen Telepathie vielleicht helfen könnte schließe grundsätzlich jede E-Mail und so werde auch ihre Lesen und ihnen so schnell wie möglich antworten. Auch wenn Fragen was sicher der Fall ist nach dem Lesen des Buches offen bleiben bitte kontaktieren Sie mich setzen sie sich mit mir in Verbindung denn ich habe oft gemerkt das jeder Mensch jedes Wesen durch seine

Individualität natürlich andere Leiden oder Probleme oder Wünsche hat welche nicht individuell in einem Buch bearbeitet werden können.

Ich würde mich echt über eine E-Mail von Ihnen freuen und seien Sie versichert das bei mir alle E-Mails wirklich vertraulich behandelt werden nur allein der Kommunikation dienen.

Es gebe noch so viel zu schreiben im Grunde ein unendliches Buch aber vielleicht sollte dieses Buch der Anstoßen sein dass wir uns sie der Leser und ich der Verfasser mit eigener Erfahrung in Telepathie in Verbindung treten. Scheuen Sie sich nicht egal wer und wo sie sind, schreiben Sie mich einfach an egal was ihr Grund dafür wäre. Ein persönlicher Austausch an Erfahrungen das hat sich oft erwiesen, bringt mehr als vielleicht 100 Bücher zu lesen. Zudem sollte dieses Buch eigentlich nur ein Zeugnis sein über die Wissenschaft der Telepathie und gleichzeitig ein Fingerzeig auf der die Telepathie nahe gelegten anderen Wissenschaften wie Physik oder Philosophie Psychologie und was zu diesem Bereich alles dazu gehört. Ich denke dass jeder Therapeut sowieso im Grunde eine Art Psychologe, Trainer und geistige Berater ist. Sollten Sie sich für das Thema der Telepathie tatsächlich ernst interessieren so sollten Sie sich Fachbücher aus vielen Bereichen holen denn meines Erachtens ist Telepathie eine so starke physische und psychische Kraft dass sie

wie Philosophie über die traditionelle Wissenschaft steht.

Ich bedanke mich für das Lesen meines Buches und würde mich echt freuen von Ihnen zu
hören egal wie sie Telepathie nun sehen oder wie
ihre eigene Erfahrung ist.

Weitere Bücher:

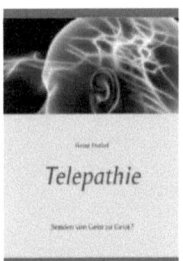

Telepathie
Senden von Geist zu Geist?
Heinz Duthel
Paperback
476 Seiten
ISBN-13: 978-3-7347-8307-4

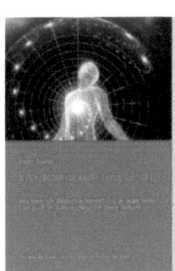

Interdimensionale Telepathie (2)
Wie kann ich Telepathie lernen? Und ja, jeder kann
Heinz Duthel , Joachim Koch (Hrsg.)
Paperback
300 Seiten
ISBN-13: 978-3-7412-7100-7

Parapsychologie
Telepathie, Hellsehen, Geister, Geisterschei-
nungen, Gedankenlesen, Leben nach dem Tod
Heinz Duthel
ISBN-13: 978-3-7392-4018-3

Chakren - Reiki - Drittes Auge - Hilfe zur Selbst-
hilfe Nachdenken, Erkennen, Verstehen, Leben und
Weitergeben
Heinz Duthel
Paperback

92 Seiten
ISBN-13: 978-3-8423-7717-2

Angststörungen - Alpträume - Depressionen
Meine Erfahrungen mit Angst und Depressionen
Heinz Duthel
Paperback
68 Seiten
ISBN-13: 978-3-7386-2698-8

Bitte besuchen Sie auch unsere Webseiten:
www.landesverlag.de
www.schriftsteller.club
und für die größte Auswahl an Büchern und Audiobooks: http://globaltraveler.club